Das große Buch der
RITTER

Philip Steele

Tessloff Verlag

DER AUTOR

Philip Steele ist im Mittelalter bewandert – er hat die mittelalterliche Literatur Deutschlands und Frankreichs studiert und Burgen in Frankreich, Deutschland, Spanien und Polen besichtigt. Sein Wohnsitz liegt in der Nähe von Beaumaris, einer großen Burg im Norden von Wales. Zu den von ihm verfassten Büchern zählen auch *Das große Buch der Burgen* sowie *Warum haben Burgen Zugbrücken*, die in deutscher Fassung im Tessloff Verlag erschienen sind.

DER BERATER

Christopher Gravett arbeitet in der Königlichen Waffenkammer des Tower zu London. Er hat nicht nur zahlreiche Bücher über Wappenkunde geschrieben, sondern ist auch als Berater bei historischen Kino- und Fernsehfilmen beschäftigt.

© 1999 Tessloff Verlag, Nürnberg
für die deutsche Ausgabe
© 1998 Kingfisher Publications Plc

Alle Rechte vorbehalten. Kein Teil dieses Werkes darf ohne die vorherige schriftliche Einwilligung des Verlages in irgendeiner Form (durch Fotokopie, Mikrofilm oder ein anderes Verfahren) reproduziert oder unter Verwendung elektronischer Systeme verarbeitet, vervielfältigt oder verbreitet werden.

Aus dem Englischen von Philip Stuhlmann

ISBN 3-7886-0497-2

INHALT

DIE ZEIT DER RITTER 4
Das Mittelalter 6
Krise in der Christenheit 8

DAS RITTERTUM 10
Der Ritterschlag 12
Ritterorden 14
Wappenkunde 16

AUF IN DIE SCHLACHT 18
Die Kriegsrüstung 20
Tödliche Waffen 22
Tiere im Kampf 24
Offene Feldschlacht 26
Belagerte Burgen 28
Freigekauft 30

EIN RITTERLEBEN 32

Der ritterliche Haushalt 34

In der Großen Halle 36

Das Turnier...................38

Ein gläubiges Leben?......................40

KONFLIKTE 42

Heilige Kriege 44

Ritt nach Osten......................46

Schlachtfelder 48

ENDE DER RITTERZEIT 50

Rittererzählungen 52

Andere Ritter 54

NACHSCHLAGETEIL

Ritter und Schurken 56

Ritter in der Dichtung........................58

Glossar 60

Index 62

Bildnachweis......................................64

| 500 n. Chr. Frühes Mittelalter | 800 Aufkommen berittener Berufssoldaten | 1096 Zeitalter der Kreuzzüge |

Die ersten Ritter

Schon im frühen Mittelalter wurde zu Pferde gekämpft, doch erst nach dem 9. Jahrhundert galten berittene Soldaten als Spezial- oder Elitetruppen. Sie spielten nun eine Schlüsselrolle in den Machtkämpfen ihrer Dienstherren.

▼ Im Morgengrauen werden vor über 900 Jahren normannische Schiffe auf einen flachen Sandstrand gezogen. Männer schleppen Vorräte durch die Wellen und führen wiehernde Pferde an Land. Da die Ritter jeder Zeit mit einem Angriff rechnen müssen, machen sie ihre Waffen und Schilde so schnell wie möglich einsatzbereit.

Die Normannen waren Wikinger, wilde Krieger aus Skandinavien, die in zahlreichen Raubzügen 911 Nordfrankreich als Lehen erhalten hatten. Auch in anderen Teilen Europas setzten sich Normannen fest. Im Jahre 1066 eroberten sie England und 1072 Sizilien. Ihre Ritter waren gut trainiert, abenteuerlustig und oft brutal.

1291	1453	1500
Blütezeit des Rittertums	Ende des Mittelalters	

Steigbügel

Die berittenen Krieger verdankten ihre Schlagkraft vor allem den Steigbügeln, einer chinesischen Erfindung aus dem 8. Jahrhundert. In ihnen konnte sich der Reiter fest abstützen, wenn er beim Angriff mit der Lanze zielen oder mit dem Schwert zuschlagen wollte.

▲ Der „Teppich von Bayeux" ist ein langes gesticktes Wandbild mit Szenen von der Unterwerfung Englands durch die Normannen im Jahre 1066. Nach seinem Sieg wurde der Normannenherzog Wilhelm König. Seine treuen Ritter belohnte er, indem er ihnen Land als Lehen schenkte, so dass viele von ihnen in England sesshaft wurden.

DIE ZEIT DER RITTER

Stell dir vor, du würdest eine Zeitreise zurück ins Mittelalter unternehmen. Zwei große Heere stehen sich gegenüber. Ein Krieger in glänzender Rüstung greift zu seinem Schwert, während sein Streitross den Boden stampft. Plötzlich ertönt ein Kommando und die Ritter stürmen los... Ritter waren berittene Berufskrieger, die ihrem Dienstherrn oder König Treue geschworen hatten. Sie waren den zu Fuß kämpfenden Soldaten weit überlegen. Obwohl sie zum Dienen verpflichtet waren, wurden sie bald mächtig und angesehen. Mit der Zeit entwickelten sie eine eigene, adelsähnliche Lebensweise und ritterliche Ideale.

Steigbügel

Das Mittelalter

Der Ritter lebte in einer Gesellschaft, die ganz anders war als unsere heute. An der Spitze eines jeden Landes stand ein Herzog, Fürst, König oder Kaiser. Man glaubte, er allein habe das gottgewollte Recht zu herrschen. Der Herrscher gab den Adligen seines Landes Privilegien und Grundbesitz und dafür dienten sie ihm und zogen im Kriegsfall für ihn ins Feld.

▲ Wer Grundbesitz zum Lehen erhielt, war ein so genannter Vasall. Er musste seinem Lehnsherrn einen Treueid leisten. Das Gesellschaftssystem beruhte auf dem Treueverhältnis zwischen Lehnsherrn und Vasall. Hier schwört Jean de Sainte-Marie König René von Frankreich die Treue.

▶ Ein Ritter wartet auf frische Pferde, die ihm von der Burg gebracht werden. Andere Reisende haben sich ihm und seiner Familie angeschlossen, um in deren Schutz weiter zu reisen. Unter ihnen sind ein Priester und ein Mönch sowie ein Pilger und ein Richter.

Mühsal

Arme Leute waren Hörige und hatten kaum Rechte. Sie mussten den Boden bestellen und durften ihr Dorf nicht verlassen. Mit ihrer Ernte versorgten sie den Dienstherrn, dessen Familie und Gefolgsleute. Dafür war dieser für ihren Schutz verantwortlich.

▶ Die frühen Burgen wurden als Turmhügel errichtet. Sie waren aus Holz und fingen leicht Feuer. Darum wurden ab dem 12. Jahrhundert zunehmend Steinburgen gebaut. Hier konnten sich Herren und Dorfbewohner sicher fühlen.

◀ Arme Leute verbrachten ihr ganzes Leben mit der Feldarbeit und der Versorgung des Viehs. Doch im Jahre 1348 starben in Europa sehr viele Menschen an einer furchtbaren Seuche, der Pest. Es gab nun weniger Arbeitskräfte, und das bedeutete, dass sie für ihre Arbeit Lohn verlangen konnten.

▲ Die Armen hatten kaum Aussicht auf ein besseres Leben. Doch im späteren Mittelalter verbesserten manche ihre Chancen, indem sie eine Schule besuchten oder ein Handwerk erlernten. Diese Menschen, darunter Kaufleute und Rechtsgelehrte, konnten es sich leisten, geschäftlich zu reisen oder sogar eine Pilgerfahrt zu unternehmen, was damals unserer heutigen Feriengestaltung am nächsten kam.

Wenn ein König nicht gerecht herrschte, konnte ein mächtiger Adliger den Thron an sich reißen. Ebenso war aber auch ein Ritter einem Lehnsherrn nicht verpflichtet, der seine Treuepflicht ihm gegenüber brach.

Dieses Gesellschaftssystem, das „Feudalsystem", begann im Lauf des Mittelalters zu zerfallen. Es war auf Landbesitz gegründet, doch mit der Zeit wurde Geld wichtiger. Könige brauchten Geld, um Kriege zu führen. Sie liehen es sich von Bankherren, die bald reicher waren als Könige.

Krise in der Christenheit

Im Mittelalter bestand Europa aus vielen kleinen Königreichen, Fürstentümern und Herzogtümern, die untereinander um die Macht stritten. Englische Könige herrschten über weite Gebiete Frankreichs. Deutsche Kaiser verbrachten ebenso viel Zeit in ihren italienischen Besitzungen wie in ihrem eigenen Land. Das Byzantinische Reich erstreckte sich von der heutigen Türkei bis nach Griechenland.

▲ **Im Jahre 1095 predigte Papst Urban II. in Clermont in Frankreich. Er rief die Ritter der gesamten Christenheit zum heiligen Krieg, zum Kreuzzug gegen die Sarazenen, auf.**

▼ **Muslimische Araber** hatten bis 705 ganz Nordafrika erobert. Dem ersten muslimischen Angriff auf Spanien im Jahre 711 folgten zwei weitere maurische Eroberungswellen im Jahre 1087 und 1147. Die Mauren bauten dort prächtige Paläste, und Städte wie Córdoba wurden Zentren der Gelehrsamkeit, wo Muslime, Juden und Christen friedlich miteinander lebten. Es dauerte über 700 Jahre, bis christliche Ritter ganz Spanien zurückeroberten.

▶ **Im 12. Jahrhundert** machten die Normannen, die 1066 in England eingefallen waren, neue Eroberungen in Wales, Schottland und Irland. Durch Heiratspolitik der Königshäuser und Eroberungen dehnte sich der englische Herrschaftsbereich über weite Gebiete Frankreichs aus.

▶ **Rom war der Mittelpunkt der Christenheit in Westeuropa. Hier residierte der Papst, der als Gottes Stellvertreter auf Erden galt.**

Europa im Mittelalter
Um 1100 gab es die meisten der heutigen Staaten noch nicht. Die Menschen fühlten sich ihrem Lehnsherrn eher als ihrem Volk verbunden.

Alle diese Länder waren durch den christlichen Glauben miteinander verbunden. Überall grenzte die Christenheit an Völker anderen Glaubens. Muslimische Araber und Berber, die Mauren, herrschten über einen großen Teil Spaniens und über Nordafrika. Ihre muslimischen Glaubensbrüder im Osten, bei den Christen als Sarazenen bekannt, schlossen Araber, Türken und Kurden ein. Wilde Krieger aus Zentralasien, die Tataren oder Mongolen, griffen Osteuropa an.

Um 1206 hatte ein Herrscher aus Zentralasien, Dschingis Khan, alle mongolischen Stämme geeint. Schon bald ritten seine Krieger gen Westen und verwüsteten Russland, Polen und Ungarn.

▼ **Jerusalem** und die umliegenden Länder waren für Christen, Muslime und Juden gleichermaßen heilig. Ab 1096 aber war das Heilige Land Schauplatz der Kreuzzüge. Das waren mehrere blutige Kriege, in denen christliche Ritter mit Sarazenen um die Vorherrschaft kämpften.

▶ **Reisen** war im Mittelalter kein Vergnügen. Die guten Straßen des Römischen Reiches waren zu Ruinen zerfallen. Pferde und Fuhrwerke mussten sich auf schlammigen oder staubigen Wegen vorwärtsmühen. Auf See drohten den Schiffen Gefahren wie Stürme und Piraten.

Rittertum
Die Ideale des Rittertums wurden mit prächtigen Zeremonien, farbigen Bannern und Trompetenstößen gefeiert. Die Kleidung wurde immer kunstvoller – und damit auch unpraktischer. Strenge Regeln beherrschten jede Einzelheit ritterlichen Verhaltens, ob beim Kampf, auf der Jagd, in der Kleidung oder bei Tisch.

▼ Ritter reiten mit ihren Gefolgsleuten durch die Straßen einer französischen Ortschaft. Aus Anlass einer Hochzeitsfeier sind sie zum Hof ihres Lehnsherrn geladen. Eine adlige Dame betrachtet die Vorüberziehenden. Sie freut sich schon auf die Bankette und Festlichkeiten, die auf der Burg stattfinden werden. Vielleicht kann sie eine reiche Partie für ihre Tochter arrangieren oder einen vornehmen Herrn für sich selbst gewinnen.

Bei großen Ereignissen wie der Feier zum Ritterschlag oder einem Turnier versammeln sich die Vasallen der Lehnsherrn und schwören ihm Treue. Auch bietet sich Gelegenheit, über Neuigkeiten von nah und fern, über Nahrungsvorräte und Waffen sowie über Waffengänge und Verteidigung zu sprechen.

DAS RITTERTUM

Anfangs waren Ritter einfach nur Krieger zu Pferde, doch etwa vom 11. Jahrhundert an mussten sie sich an bestimmte Gebote und Tugenden halten, zu denen Treue, Gehorsam und Schutz der Schwachen zählten. Unter dem Einfluss christlicher Bildung wurde von Rittern nun höfisches und vornehmes Benehmen erwartet – höfisch, weil sie ihr Leben an den Höfen, also auf den Burgen der Mächtigen und Reichen, zubrachten. Sie sahen sich als einer adligen, höheren Schicht des Volkes angehörend. Zwar fühlten sich die Ritter den ritterlichen Idealen verpflichtet, Brutalität, Raub und Erpressung wurden aber deswegen nur selten verhindert.

Höfische Liebe
Dieser Schild wurde 1475 aus Anlass eines Turniers in Flandern gefertigt. Dargestellt ist ein Ritter, der einer Dame seine Treue schwört. Frauen hatten im frühen Mittelalter kaum Rechte, doch Ritterlichkeit verlangte, dass edle Damen ehrerbietig behandelt und beschützt wurden. Diese „höfische Liebe" – oder Minne – hatte wenig mit Liebe oder Ehe zu tun. Sie war ein romantisches Ideal, das zuerst von Dichtern in der Bretagne, in Südfrankreich und im maurischen Spanien besungen wurde.

Der Page
Die Erziehung zum Ritter begann früh. Schon im Alter von sieben Jahren wurde das Kind als Page auf eine andere Burg geschickt, um dort bei Tisch zu bedienen und gute Manieren zu erlernen.

◀ **Kindliche Spiele** dienten der Vorbereitung auf das ritterliche Kampfverhalten.

▼ **Das erste Pferd** eines Knaben war oft aus Holz und hatte Räder. Seine erste Lanze war vielleicht ein Besenstiel.

Der Ritterschlag

Wer Ritter werden wollte, musste ein Mann sein, wenn auch manchmal Frauen an Kreuzzügen teilnahmen. Er musste einer adligen Familie entstammen, obwohl manch einer über seine Herkunft nicht unbedingt die Wahrheit sagte. Man brauchte Geld oder Grundbesitz, denn es war kostspielig, ein Ritter zu sein. Oft versuchte ein ehrgeiziger junger Mann, in eine Adelsfamilie einzuheiraten, um zu Ansehen und Vermögen zu gelangen. Nicht zuletzt musste der zukünftige Ritter sich im Kampf bewähren.

Spore

Schwert

▲ **Der heranwachsende Page** lernte vor allem reiten und den Kampf zu Pferde. Dann übte er den Lanzenangriff auf eine Stechpuppe, ein Holzgerüst, das herumschwang und ihn vom Pferd stieß, wenn er zu langsam oder ungeschickt war.

Wer zum Ritter ernannt wurde, dem berührte ein anderer Ritter beim „Ritterschlag" die Schulter mit der Schwertklinge (oder schlug ihm bei einer älteren Zeremonie mit der flachen Hand auf den Nacken). Zum Pfingstfest 1306 veranstaltete König Eduard I. von England ein großes Fest, bei dem er seinen ältesten Sohn zum Ritter erhob. Dieser wiederum schlug rund 300 junge Adlige zu Rittern.

▼ Im Burghof lernten die jungen Pagen unter der Aufsicht eines erfahrenen Lehrmeisters den geschickten Umgang mit hölzernen oder stumpfen Waffen. Zu ihrer Ausbildung gehörte auch das Schwimmen und der Faustkampf.

Der Knappe
Mit etwa 14 Jahren wurde aus dem Pagen ein Knappe. Zu seinen Pflichten gehörte es nun, dem Ritter beim Anlegen der Rüstung zu helfen und mit ihm in den Kampf zu ziehen.

Johanna von Orléans
Im Jahre 1429 befreite ein einfaches Bauernmädchen das von den Engländern belagerte Orléans und führte die Franzosen in voller Rüstung in die Schlacht. Johanna glaubte sich von „göttlichen Stimmen" dazu berufen, Frankreich vor den Engländern zu retten und den rechtmäßigen König von Frankreich wieder einzusetzen. Später wurde sie gefangen gesetzt und als Hexe verbrannt.

Der Ritter
Nach etwa vierjähriger militärischer Erfahrung konnte der Knappe zum Ritter erhoben werden. Oft verbrachte der Knappe die Nacht davor betend vor dem Altar. Bei der am Morgen folgenden, feierlichen „Schwertleite" erhielt der junge Ritter Waffen und goldene Sporen als Symbole des Rittertums.

◄ Ein Ritter des Deutschen Ordens wacht über das Ordensland an der Weichsel. Im 13. Jahrhundert vereinigte sich der Deutsche Orden, der während der Kreuzzüge gegründet worden war, mit dem Schwertbrüderorden von Livland und kämpfte in Zentral- und Osteuropa.

Ritterorden

Viele der Ritter, die am Kampf gegen die Ungläubigen teilnahmen, schlossen sich zu Gemeinschaften zusammen. Sie orientierten sich an Mönchsorden und forderten von ihren Mitgliedern die Mönchsgelübde. Die drei berühmtesten Ritterorden entstanden während der Kreuzzüge im Heiligen Land. Der Johanniter-Orden wurde im Jahre 1099 gegründet. Der Templer-Orden folgte 1119. Der Deutsche Orden entstand um das Jahr 1190.

▼ Der französische König Philipp der Schöne wollte das Vermögen des Templer-Ordens für sich selbst. Er beschuldigte die Templer der Zauberei und Hexerei und ließ sie in den Jahren 1307 bis 1314 verhaften, foltern und töten. 1314 wurde der Großmeister der Templer, Jacques de Molay, verbrannt.

Alle drei Orden bauten Burgen, kämpften gegen die Sarazenen und wurden bald sehr mächtig und reich. Viele Herrscher fürchteten die Macht der geistlichen Ritterorden. So gründeten sie ihre eigenen weltlichen Ritterorden, wie den Hosenbandorden in England, den Annunziatenorden in Savoyen und das Goldene Vlies in Burgund. Die Mitgliedschaft in diesen Orden war für Ritter ehrenhaft.

◄ **Die Templer** waren von Anfang an ein kämpferischer Orden, doch spielte das Gebet in ihrem Tageslauf stets eine große Rolle. Ihr Name leitet sich vom Sitz ihres Ordens in einem Flügel des Königspalastes von Jerusalem ab, wo vermutlich einst der Salomonische Tempel stand. Die Ritter waren überwiegend Franzosen, doch gab es auch Ordenshäuser in Spanien und auf den britischen Inseln.

▼ **Unter seinem Helm und Kettenhemd** schwitzend, reitet ein Ritter der Johanniter mit gesenkter Lanze gegen die Sarazenen. Der Johanniter-Orden begann als geistlicher Orden, der sich dem Gebet und der Pflege verwundeter und erkrankter Kreuzritter und Pilger widmete. Oft nannte man sie nach den von ihnen in Jerusalem errichteten Hospitälern auch Hospitaliter.

▼ **Obwohl die bedeutendsten Ritterorden** im Heiligen Land gegründet worden waren, breiteten sie sich später in ganz Europa aus. Auch Spanien hatte viele Orden, deren Ziel die Bekämpfung der Mauren aus Nordafrika war.

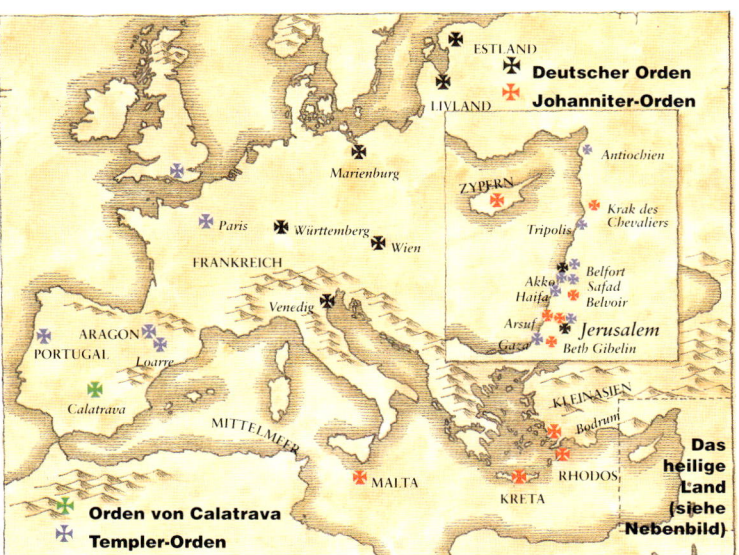

 **Hermelin**  **Eisenhutfeh**  **gespalten** **geteilt**  **schräg geteilt**  **Spitze** **kreuzförmig**  **Schrägkreuz**

 **geständert**

 **geschacht**

Wappen wurden vom Vater auf den ältesten Sohn vererbt. Sie entwickelten sich zu Familienwappen und waren Zeichen edler Geburt. Sie schmückten Siegel, mit denen Urkunden beglaubigt wurden, und sind noch heute in den Sälen von Burgen oder Schlössern oder auf mittelalterlichen Grabmälern zu sehen. Die Regeln der Wappenkunde wurden in allen Einzelheiten festgelegt. Jede Farbe, jedes Muster, jede Figur hatte eine bestimmte Bezeichnung oder „Blasonierung". Nach den Herolden, die die Wappen für ihre fürstlichen Herren trugen, nennt man die Wappenkunde auch Heraldik.

▲ Fünf Grundfarben oder Tinkturen wurden in der Heraldik verwendet, dazu die Metallfarben Gold und Silber. Auch gab es Muster, die sich an tierischen Fellen orientierten – darunter Hermelin und Zobel. Eine Metallfarbe war nur auf einer Tinktur erlaubt und umgekehrt. Blau und Gold waren in Frankreich und Schwarz und Gold in Deutschland beliebte Farben. Das „Feld" konnte durch gerade oder gekrümmte Linien unterteilt werden. Gegenständliche Wappenbilder wie Tiere oder Pflanzen hießen „gemeine Figuren", ungegenständliche, die aus Linien und Mustern bestanden, „Heroldsbilder".

▲ Auf dieser Darstellung aus einem mittelalterlichen Manuskript gehen Ritter des Heiligen Geistes an Bord eines Kreuzfahrerschiffes. Ihre Wappen sind auf flatternden Bannern und großen Schilden zu sehen.

 **Balken, gekerbt**

 **Pfahl, Wolkenschnitt**

 **schräg links geteilt, gezackt**

 **schräg rechts, Zinnenschnitt**

linker Schrägbalken – zeigt an, dass der Sohn unehelich ist

Unehelicher Sohn

◀ Das Wappen galt zwar für die ganze Familie, doch konnten die einzelnen Mitglieder voneinander unterschieden werden. Innerhalb der Familie waren die Kinder oder die Generationen durch bestimmte Symbole erkennbar. Das System war von Land zu Land unterschiedlich. Diese sechs Personen sind alle Kinder des englischen Grafen von Westmoreland. Jedes hat sein eigenes Zeichen.

Der Herold
Der Herold stand im Dienst eines Fürsten oder Königs und verfügte über große Kenntnisse in der Wappenkunde. In der Schlacht überbrachte er Botschaften zwischen feindlichen Heeren und identifizierte gefallene Ritter.

 **Feld**  **Schrägkreuz**  **Kreuz**  **Spitzpahl**  **Sparren**  **Pfahl** **Balken** **Schildhaupt**

AUF IN DIE SCHLACHT

Der Ritter hatte dafür zu sorgen, dass seine Waffen und seine Rüstung stets in gutem Zustand waren. Jederzeit konnte er von seinem Lehnsherrn oder vom König selbst zur Heerfolge aufgefordert werden. Manchmal gelang es ihm vielleicht, sich von der Heerfahrt freizukaufen, doch irgendwann musste er in den Krieg ziehen. Meist ließ er sich dann von einigen Gefolgsleuten begleiten. Dazu zählten sein Knappe, mehrere schwer bewaffnete Reiter sowie Fußsoldaten oder Bogenschützen. Sie schlossen sich anderen Truppen an, die unter dem Befehl eines Ritters standen, der ein eigenes Banner führen durfte.

Plattnerzeichen aus Mailand

◀ Diese 1480 gegossene Statue in Venedig zeigt den italienischen Ritter Bartolomeo Colleoni, wie er in den Krieg zieht. Er war ein Kondottiere, ein Söldnerführer, der für Geld kämpfte und nicht, weil er einem Dienstherrn zur Heerfolge verpflichtet war.

▼ In der kleinen Werkstatt eines Plattners drängten sich Meister und Lehrlinge. Eisenstangen wurden zu Blechen gehämmert und dann mit kräftigen Scheren zurechtgeschnitten. Das Metall wurde auf Ambossen in die gewünschte Form geschmiedet und dann durch Erhitzen und Abkühlen gehärtet. Die fertigen Stücke wurden poliert und mit Stoff ausgefüttert, der auf Lederstreifen festgenäht und mit Stroh unterlegt wurde.

Der Kauf einer Rüstung

Wollte der Ritter einen Kriegszug lebend überstehen, kam es vor allem auf eine gute Rüstung an, die oft sehr kostspielig war. Rüstungen minderer Qualität wurden überall in Europa hergestellt und auch repariert. Doch Metallarbeiten höchster Qualität kamen meist aus Werkstätten in italienischen Städten wie Mailand und Brescia oder in süddeutschen Städten wie Augsburg und Nürnberg, wo es reiche Vorkommen an Eisenerz und Holzkohle gab. Wohlhabende Ritter aus England oder Frankreich schickten ihre Aufträge nicht selten in eines dieser Zentren. Rüstungen gab es in Maßanfertigung oder auch „von der Stange".

Die Kriegsrüstung

Die Ritter des frühen Mittelalters ritten im Kettenhemd in die Schlacht. Das war ein aus vielen ineinander verflochtenen oder vernieteten Metallringen bestehender Panzer. Er war „auf Maß" geschmiedet, bedeckte den Kopf und hing als schweres Hemd am Körper. Der Kettenpanzer bot jedoch keinen ausreichend wirksamen Schutz gegen Pfeile und andere Waffen. Seit dem späten 13. Jahrhundert bedeckten Ritter auch ihre Beine mit Eisenplatten, und in den nächsten 100 Jahren wurden immer mehr Platten hinzugefügt. Der nur aus Platten bestehende Harnisch ersetzte den Kettenpanzer.

Ein Kettenpanzer

Ein Ritter zog im 12. Jahrhundert „gepanzert" in die Schlacht. Sein langes Kettenhemd hieß Brünne. Es reichte bis zu den Knien und war unten geschlitzt, damit es ihn beim Aufsitzen nicht behinderte. Die Kettenhaube schützte den Kopf unter dem Helm. Zuunterst trug der Ritter ein gefüttertes Wams aus Wolle oder Leder.

Helme

Im 11. und 12. Jahrhundert war der in einem Stück geschmiedete, kegelförmige Helm mit einem festen Naseneisen üblich. Um 1200 kamen Helme mit einem Schutz für das ganze Gesicht auf, und dann folgte der Topfhelm, der den ganzen Kopf bedeckte. Im 14. Jahrhundert erhielt der Helm ein Visier, das vor dem Gesicht aufgeklappt werden konnte.

▼ Topfhelm, wie er im frühen 13. Jahrhundert entwickelt wurde. Dieser Helm stammt aus der Zeit um 1250. Im 14. Jahrhundert wurde er nur noch im Turnier getragen.

Helmzier aus gepolstertem Leder

Naseneisen

ledernes Kinnband

▲ konischer Helm, 11. und frühes 12. Jahrhundert

Nieten zur Befestigung der Polsterung

seitlich schwenkbares Visier

Halskragen

▲ Visierhelm aus Italien, spätes 14. bis frühes 15. Jahrhundert

▲ Sturmhaube aus Italien, um 1445

▶ Turnierhelm mit vergoldeter Ätzung, Norditalien, um 1570

Schützender Schild
Der Schild schützte den Ritter vor Pfeilen und tödlichen Stoßwaffen. Auch konnte er damit schwere Hiebe austeilen. Die Form des Schildes änderte sich im Laufe der Zeit vom langen dreieckig-spitzen Schild der Normannen zum kleineren dreieckigen Schild im 14. Jahrhundert, der aus lederbezogenem Holz gefertigt war. Der Plattenharnisch machte Schilde überflüssig.

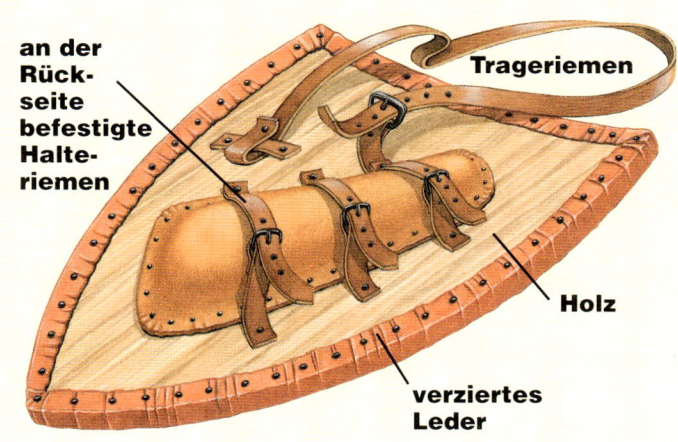

an der Rückseite befestigte Halteriemen
Trageriemen
Holz
verziertes Leder

Gegen Ende des 14. Jahrhunderts war der Körper des Ritters ganz mit Metallplatten bedeckt. Die einzelnen Teile passten sich den Körperformen an und waren durch Nieten und Lederstreifen miteinander verbunden. Es kann nicht einfach gewesen sein, in einem Harnisch zu kämpfen, der um die 25 Kilogramm wog. Dennoch konnte sich der Ritter darin gut bewegen und kam sogar wieder auf die Beine, wenn er einmal vom Pferd gestürzt war.

▶ Um 1500 nimmt ein Knappe einem verwundeten Ritter die Rüstung ab. Sie ist aus silbrigem Stahl gefertigt. Vom Kettenhemd war nur noch der Panzerschurz geblieben. Er war Teil der Harnischpolsterung, an der die Platten mit Bändern befestigt waren. Im 16. Jahrhundert veränderten Feuerwaffen und neue Taktiken die Kriegsführung. Mit Lanzen angreifende Ritter waren weniger gefährlich als mit Langbogen kämpfende Männer, und ein Harnisch bot gegen Handfeuerwaffen nur wenig Schutz.

1 Helm
2 Ansteckbart
3 Brustplatte
4 Achselstück
5 Schwebescheibe
6 Armkachel
7 Handschuh
8 Diechling
9 Beinröhre
10 Eisenschuh
11 Polsterung
12 Bänder
13 Panzerschurz

Tödliche Waffen

Das Schwert, ein Symbol des Rittertums, wurde stets gepflegt und steckte selbst in Friedenszeiten griffbereit in seiner Scheide. König Artus nannte sein legendäres Schwert Excalibor, und auch viele andere Ritter gaben ihren Schwertern eigene Namen. Ein im Europa des 12. Jahrhunderts übliches Schwert hatte eine breite, flache, zweischneidige Klinge, die in der Mitte mit einer Blutrinne versehen war. Im 14. Jahrhundert führte die zunehmende Verwendung der Plattenrüstung dazu, dass der Ritter die Klinge in Ritzen und Spalten stoßen musste.

Bogen und Pfeile

Eine Armbrust konnte ihre Pfeile oder Bolzen über 200 Meter weit schießen. Nach dem Spannen der Sehne mit Hilfe einer Kurbel wurde das Geschoss in eine Rinne eingelegt; die Sehne wurde durch einen Drücker ausgelöst. Der Langbogen war einfacher zu bedienen, sein Spannen bedurfte jedoch großer Kraftanstrengung. Man konnte bis zu sechs Pfeile in der Minute damit abschießen (mit der Armbrust nur einen pro Minute). Die mit Metallspitzen versehenen Pfeile waren mehr als 75 Zentimeter lang.

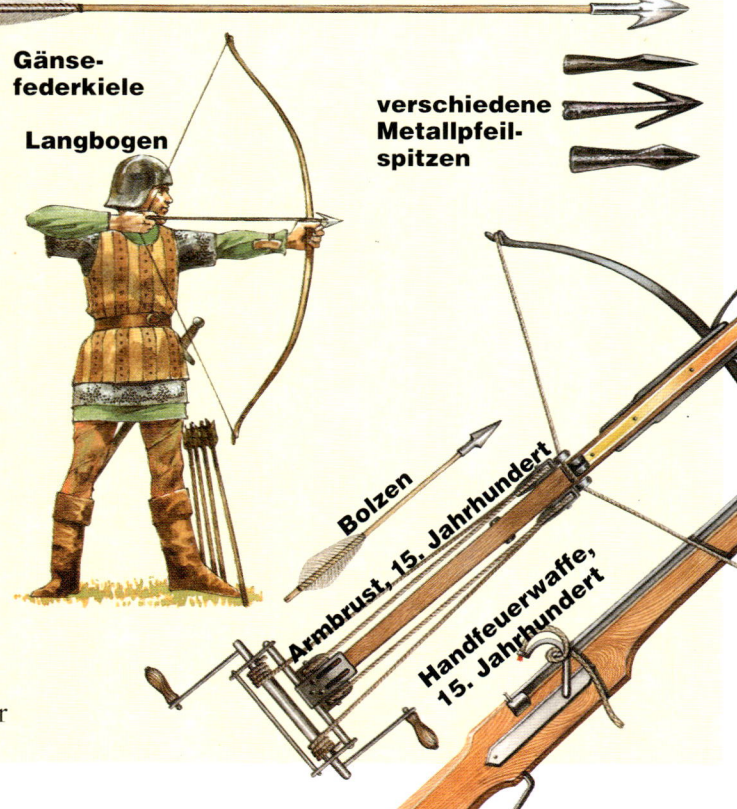

Gänsefederkiele
Langbogen
verschiedene Metallpfeilspitzen
Bolzen
Armbrust, 15. Jahrhundert
Handfeuerwaffe, 15. Jahrhundert

▶ Ein Ritter griff in der Schlacht mit der Lanze an. Der lange, mit einer Stahlspitze versehene Holzspeer war eine Fernwaffe, die den Feind vom Pferde stoßen konnte. Vernichtende Hiebe wurden mit der Streitaxt, dem Streithammer oder dem Streitkolben ausgeteilt. Der Flegel war eine Art Keule, an der eine mit Stacheln versehene Kugel an einer Kette hing. Fußangeln waren Eisen mit Spitzen, die auf den Boden geworfen wurden, um Pferde und Männer zu verletzen.

Waffen im Kampf

Bei Schlachtbeginn verdunkelte sich der Himmel unter dem Pfeilhagel. Pferde bäumten sich auf, wenn die Gegner die Hellebarden schwangen. In einem Heldengedicht des Mittelalters, dem *Rolandslied*, wird beschrieben, wie die im Nahkampf eingesetzten Waffen wirkten: Schädel krachen, Gehirne verspritzen und verstümmelte Menschen wirbeln durch die Luft. Alles, was im Kampf zählt, so sagt der Held, ist Eisen und Stahl.

- Fußangel
- Dolch, 14. Jahrhundert
- Lanze, ca. 12. Jahrhundert
- Streitkolben, 14. Jahrhundert
- Hellebarde, 16. Jahrhundert
- Zweihänder, 15. Jahrhundert
- Schwert, 14. Jahrhundert
- Kurzschwert, 13. Jahrhundert
- Flegel, 16. Jahrhundert

Die Schwerter dieser Periode waren als Hieb- und Stoßwaffen gedacht. Die Klingen wurden daher schmaler, spitzer und waren nicht mehr flach. Je nach Verwendungszweck gab es die verschiedensten Typen: Ein Dolch oder ein Kurzschwert für den Nahkampf; der rund 1,20 Meter lange Zweihänder, der so schwer war, dass er mit beiden Händen geschwungen werden musste, und daher nur von Fußkämpfern geführt wurde; und ein Kurzschwert mit breiter Klinge und einseitiger Schneide.

Tiere im Kampf

Pferde spielten im Leben eines Ritters eine große Rolle. Wenn er nicht absaß, um zu Fuß weiter zu kämpfen, hing sein Überleben in der Schlacht von seinem Pferd ab. Es brachte ihn dicht an seine Feinde heran und ermöglichte ihm die Verfolgung ebenso wie die Flucht. Es konnte sogar für ihn kämpfen, wenn es sich auf die Hinterbeine erhob und mit seinen großen Hufen ausschlug.

Brieftauben

In der Kreuzzugszeit benutzten die Sarazenen Tauben, um Geheimbotschaften von Stadt zu Stadt oder an andere Truppen zu übermitteln. Die Christen machten ihnen dies nach. Manchmal wurden die Brieftauben von dafür abgerichteten Falken getötet.

▶ Kleine, robuste Packpferde trugen Waffen und Verpflegung. Der Ritter selbst und seine Männer saßen auf den besten Reitpferden, die sie finden konnten. Schlachtrösser waren noch größer und kräftiger.

Packpferd

Die Zucht

Die besten Stuten und Hengste wurden für die Zucht ausgesondert. Ihre Füllen zog man für den Kampf und das Turnier auf. Das Schlachtross musste ein Hengst sein, groß, stark und temperamentvoll, doch gehorsam gegenüber seinem Herrn. In der Schlacht kam es darauf an, dass Ritter und Pferd trotz der Gefahr und des Kampfgetümmels um sie herum aufeinander abgestimmt handelten. Der Knappe des Ritters führte das Pferd an der rechten Hand. Der Kauf und die Haltung eines Schlachtrosses waren sehr kostspielig.

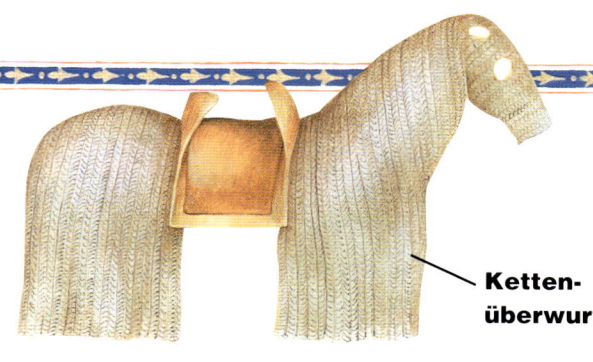

Kettenüberwurf

▲ Für Pferde gab es eine spezielle Rüstung. Dies war zunächst ein Überwurf aus gefüttertem Stoff oder ein Kettenbehang.

▶ Gegen Ende des 15. Jahrhunderts führten italienische Ritter die Plattenrüstung für Schlachtrösser ein. Sie war jedoch sehr kostspielig.

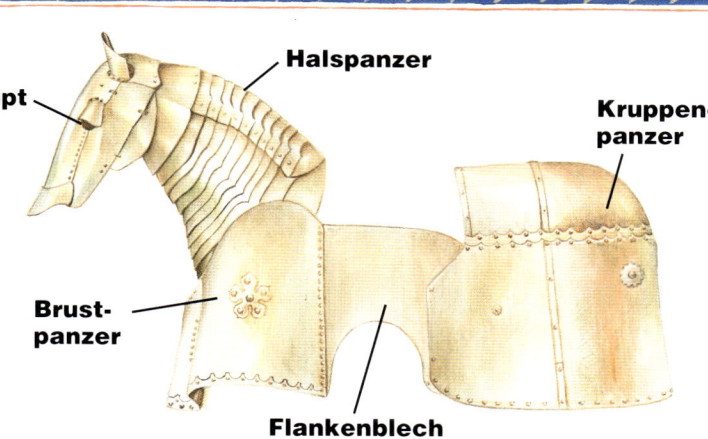

Rosshaupt · Halspanzer · Kruppenpanzer · Brustpanzer · Flankenblech

Reitpferd

Schlachtross

Zelter

Der Sattel bot dem Ritter einen festen Sitz, von dem aus er kämpfen konnte. Oft war der Sattel aus Buchenholz gefertigt und mit Leder überzogen und hatte vorn und hinten hohe Stützen, die Bogen. Der Reiter fand mit seinen ausgestreckten Beinen in den Steigbügeln Halt. An den Absätzen trug er Sporen, Metalldorne, mit denen er das Pferd antreiben konnte. Seit etwa 1240 wurden manchmal kleine Rädchen mit Dornen an den Sporen angebracht. Der Ritter hielt die Zügel in der linken Hand. Nur die perfekte Beherrschung des Pferdes konnte beim Angriff den geordneten Aufmarsch sichern.

▶ Ein Ritter des Templer-Ordens lässt einen Mitstreiter bei sich aufsitzen. Dies zeigt, dass der Orden bescheidenen Ursprungs war – die Gründungsritter hatten oft nur zu zweit ein Pferd.

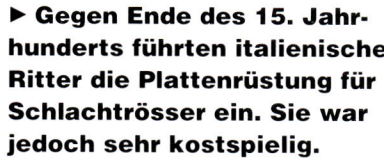

Kriegshunde

Scharfe Hunde, sogenannte Mastiffs, dienten in Heerlagern als Wächter. Gelegentlich wurden sie auch auf feindliche Soldaten gehetzt.

Offene Feldschlacht

Ein Heer auf dem Marsch verwüstete das Land. Die Soldaten töteten die Bauern und verbrannten alles, was für den Feind von Nutzen sein konnte. Einige Ritter zogen voraus, um Stellung und Stärke des Feindes auszukundschaften. Dem Heer folgte der Tross mit Proviantwagen und Kranken oder Verwundeten. Auf beiden Seiten schmiedeten die Heerführer Pläne, wie sie den Feind in eine Falle locken konnten, oder auch, wie die Schlacht zu vermeiden war. Schlechtes Wetter, die Beschaffenheit des Geländes, Verrat und Hunger, all dies spielte bei ihren Entscheidungen eine Rolle.

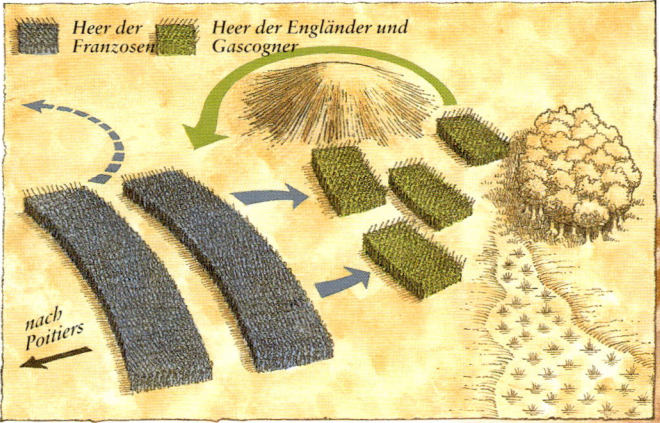

▲ So standen sich die Heere in der Schlacht bei Poitiers am 19. September 1356 gegenüber. In den Wäldern verborgene Waliser Bogenschützen bereiteten der angreifenden französischen Ritterschaft eine vernichtende Niederlage. Die Überlebenden setzten den Kampf am Boden fort und fanden zu Tausenden den Tod. Dann schickte der Schwarze Prinz Truppen, die die Franzosen von hinten angriffen. Nur wenige konnten sich durch die Flucht retten.

Eilends wurden für die Verteidigung Pfähle eingegraben oder Fußangeln in den Boden gerammt. Wenn die Truppen Aufstellung nahmen, beteten sie um ihr Leben und erflehten die Hilfe Gottes für ihre Sache. Meist begann die Schlacht mit einem Lanzenangriff der Ritter, die mit ihren Pferden von den feindlichen Bogenschützen gnadenlos unter Beschuss genommen wurden. Dann löste sich das Treffen rasch in einen Kampf Mann gegen Mann auf, ein Gemetzel, in dem Blut und Schlamm spritzten. Manchmal kämpften die Ritter zu Fuß und bildeten dabei einen dichten Keil aus Rüstung und Waffen. Schlachten dauerten ein bis drei Tage, aber nicht selten standen sich die Heere schon tagelang vorher gegenüber.

Lagerleben
Wenn das Heer sein Lager aufschlug, reihten sich an den Hängen der Berge die bunten Zelte der Ritter. Soldaten durchsuchten die umliegenden Gehöfte und Dörfer nach Essbarem für die Truppe.

Verteidigung
Zum Schutz vor dem bevorstehenden Angriff schlugen die Bogenschützen zugespitzte Pfähle in den Boden. Sie nahmen hinter den Pfählen Aufstellung, um das feindliche Heer zu erwarten.

Nach der Schlacht
Tausende konnten in einer einzigen Schlacht ihr Leben lassen. Viele der Verwundeten wurden durch einen Dolchstoß und Schwerthieb von ihrem Elend erlöst, doch manche krochen davon, um sich von Freunden, Mönchen oder Nonnen verbinden zu lassen.

◀ Im Jahre 1356 drang der englische König Eduard, der seiner schwarzen Rüstung wegen der „Schwarze Prinz" genannt wurde, mit 8000 Engländern und Gascognern in Frankreich ein. Bei Poitiers geriet er in eine offene Feldschlacht. Obwohl sein Heer dem Feind zahlenmäßig um die Hälfte unterlegen war, nahm es den französischen König gefangen und gewann die Schlacht. Die Franzosen kämpften tapfer, doch fast 2500 ihrer Ritter fielen – mehr noch als gefangen genommen wurden.

Belagerte Burgen

Burgen waren die Wohnsitze der Mächtigen. Überall in Europa und im Nahen Osten standen sie zu Tausenden. Die frühen Bauten waren aus Holz und erhoben sich auf zumeist künstlich aufgeschütteten Erdhügeln. Mit der Zeit wurden die Turmhügelburgen durch hohe Steintürme, die Bergfriede, verdrängt. Diese entwickelten sich zu immer größeren Burgen, umgeben von Gräben, Verteidigungsanlagen und Steinmauern.

Bei einem Belagerungskrieg versuchten die Angreifer, die Versorgungswege der Burg abzuschneiden, um die Bewohner auszuhungern und so zur Übergabe zu zwingen. Nur selten riskierten die Verteidiger der Burg einen Ausfall. Eine Belagerung dauerte oft mehrere Monate, in denen die Angreifer versuchten, über die Mauern der Burg zu klettern oder sie zu untertunneln. Häufig genug aber gelang die Eroberung der Burg durch Bestechung oder man verhandelte über ihre Übergabe.

Während einer Belagerung wendeten die Angreifer Gewalt, Tricks und Terror an, um in die Burg einzudringen. Manchmal vergifteten sie das Brunnenwasser und katapultierten stinkende Tierkadaver über die Mauern. Die Verteidiger schossen durch schmale Schlitze in den Mauern, die Schießscharten, ihre Pfeile ab. Auch schleuderten sie Steine auf die Köpfe der Feinde herab.

▼ Die Burg Gaillard wurde vom englischen König Richard I. in Frankreich erbaut. Schon fünf Jahre nach ihrer Fertigstellung, 1203, wurde sie von den Franzosen belagert. Sechs Monate lang litten die Verteidiger Hunger, während die Mauern der Burg beschossen und untertunnelt wurden. Schließlich gelang es den Franzosen, durch einen Abortschacht in die Burg einzudringen.

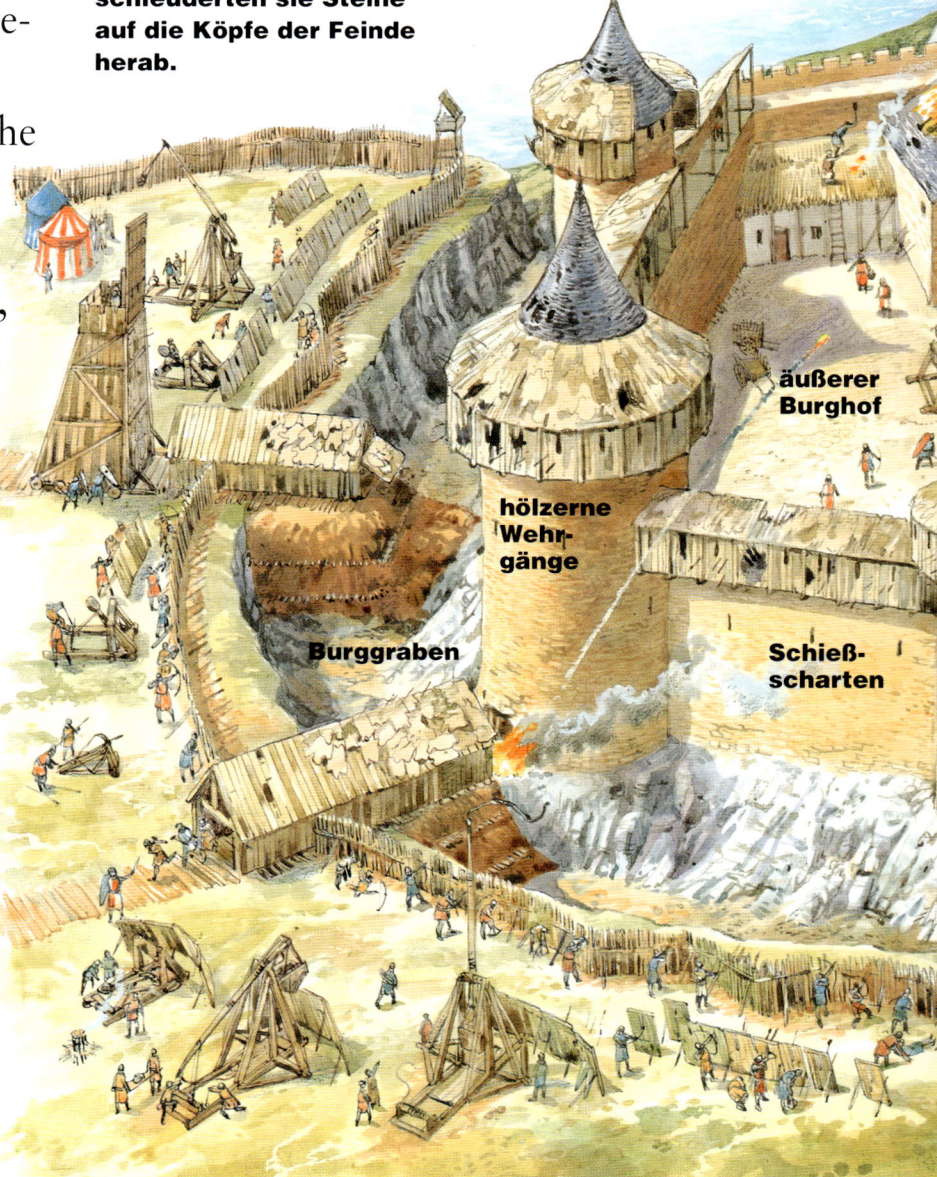

Belagerungswaffen

Katapulte schleuderten die verschiedenartigsten Wurfgeschosse gegen oder über die Mauern. Die im 14. Jahrhundert aufkommenden Kanonen waren zunächst wenig wirkungsvoll.

Steinschleuder (13. bis 16. Jahrhundert): Auf der längeren Seite des Schleuderarms hing eine Schlinge mit Steinen, die beim Loslassen durch das Gegengewicht hochschnellte und Steine in die Burg warf.

Ballista (15. Jahrhundert): Eine auf einem Holzgestell montierte große Armbrust, mit der man lange Bolzen abschoss.

Mange (bis zum 15. Jahrhundert): Ein großes Katapult, das die Kraft gewundener Seile nutzte und Steine aus einem Korb schleuderte.

Bergfried

innerer Burghof

Brunnen

Brustwehr mit Zinnen

Turm

Ringmauer

Torhaus

Zugbrücke

Kanone (ab Mitte des 14. Jahrhunderts): Sie feuerte Steinkugeln ab.

Türme und Balken
Belagerungstürme voller Soldaten rollten an die Mauern heran. Mit Rammböcken versuchte man, die Tore aufzubrechen.

Belagerungsturm (bis zum 14. Jahrhundert)

Rammbock (bis zum 15. Jahrhundert)

Freigekauft

Während einer Schlacht oder einer Belagerung versuchte jede Seite, möglichst viele feindliche Ritter gefangen zu nehmen. Die Gefangenen wurden jedoch gewöhnlich nicht getötet – man heimste lieber ein Lösegeld für sie ein. Sie blieben also Gefangene, bis die verlangte Summe eintraf. Das Lösegeld zahlten die Familie des Ritters oder seine Freunde. Manchmal wurde aber so viel Geld gefordert, dass der Ritter jahrelang in Gefangenschaft blieb – nicht selten sogar ein Leben lang.

▲ Auf den Kreuzzügen gefangen genommene Christen wurden von den Sarazenen enthauptet. In diesen „heiligen" Kriegen töteten und folterten beide Seiten unzählige Kriegsgefangene. Als die Kreuzfahrer 1099 Jerusalem einnahmen, wateten sie im Blut der Stadtbewohner. Doch für die meisten Sieger war ein lebender Ritter mehr wert als ein toter, weil ihnen ein gutes Lösegeld winkte.

Gleichrangige

An einem Tag konnten zwei Ritter versuchen, sich im Kampf gegenseitig umzubringen. Trafen sie sich am nächsten, grüßten sie einander höflich, denn das verlangten die ritterlichen Anstandsregeln. Meist fühlten sich Ritter mit ihresgleichen weit mehr verbunden als mit ihren Fußsoldaten.

▲ Nach der Schlacht oder der Belagerung begannen Ritter und Kriegsknechte mit der Plünderung. Man nahm den Toten Rüstung, Waffen und Kleider ab, stahl alles Geld und raubte selbst Kirchen aus.

▶ Ein gefangener Ritter wurde gewöhnlich gut behandelt. Er speiste mit seinem Feind, spielte mit ihm Schach oder ging mit ihm auf die Jagd.

Das Lösegeld für einen König war enorm hoch. Im Jahre 1250 geriet der französische König Ludwig IX. auf einem Kreuzzug in die Gefangenschaft der Sarazenen. Er überließ ihnen die ägyptische Stadt Damietta und zahlte überdies eine riesige Summe Gold. 1385 beklagten sich englische Truppen, die als Söldner für König Johann I. von Portugal kämpften, bitter darüber, dass sie ihren Anteil verloren, als der König nach der Schlacht von Aljubarrota kein Lösegeld für die kastilischen Gefangenen verlangte. Nur bei Rittern lohnte sich die Forderung nach einem Lösegeld. Gemeine Soldaten, die keine reichen Verwandten hatten, wurden ebenso wie die Männer, Frauen und Kinder einer eroberten Stadt einfach umgebracht.

▲ Die Zahlung des Lösegeldes konnte daheim Elend und Bitterkeit zur Folge haben. Von einem Vasall wurde erwartet, dass er sein Land verkaufte, um zum Lösegeld für seinen Herrn beizusteuern. Die Bevölkerung Englands litt unter der Last der hohen Steuern, als König Richard I. Löwenherz 1193 für Unsummen freigekauft werden musste.

Freiheit – teuer erkauft

Der Ritter wurde in einer Burg gefangen gehalten, bewacht vom Burgvogt. Wenn endlich das Lösegeld eintraf, verhandelte ein Herold über seine Freilassung. Gegen Ende des 12. Jahrhunderts wurde in Frankreich der Orden der Trinitarier gegründet. Sein Ziel war der Loskauf christlicher Ritter, die während der Kreuzzüge in Gefangenschaft geraten waren.

Falkenjagd

Im Mittelalter teilten die Ritter und Edeldamen Europas mit ihren maurischen und sarazenischen Feinden eine Leidenschaft: die Falkenjagd. Greifvögel wie Sperber, Hühnerhabichte und Wanderfalken wurden monatelang für die Jagd auf Reiher, Enten, Fasane, Kaninchen und Hasen abgerichtet.

▼ Der Falke wurde auf der Hand getragen, die vor den scharfen Krallen des Greifvogels durch einen dicken Handschuh geschützt war. Lederstreifen, Fußriemen genannt, waren an einer Leine befestigt, damit der Vogel nicht wegfliegen konnte. Man stülpte dem Vogel eine Haube über, damit er ruhig blieb, bis er losgelassen wurde.

Jagdhunde

Keine Burg war ohne Hundezwinger, in denen die Jagdhunde gut versorgt wurden. Spaniels wurden bei der Vogeljagd eingesetzt. Windhunde züchtete man speziell wegen ihrer Schnelligkeit.

Bezahlte Sänger

Sänger, Dichter und Musiker reisten oft von einer Großen Halle zur nächsten. Dort trugen sie Lieder vor, bei denen es vor allem um Minne und Ritterlichkeit ging. Es zahlte sich meist für sie aus, wenn sie dabei auch die Großzügigkeit ihres Gastgebers priesen! In Südfrankreich nannte man sie Troubadoure und in Deutschland Minnesänger.

Der Ritter, seine Dame und ihre Gäste speisten an der hohen Tafel, einem Tisch, der auf einem Podest stand. Die übrigen Mitglieder des Haushalts saßen an langen Tischen. Köstliche Speisen – Reh- und Hirschkeulen, Wildschweinstücke, Gänsebraten, gebackene Karpfen sowie üppige Nachtische – waren eine willkommene Abwechslung zu den üblichen Suppen und Brühen. Die Gäste aßen mit ihren Fingern, Messern und Löffeln. Die Vornehmen speisten von Gold und Silber, doch für den Alltag reichten Holz- oder Zinnteller oder einfach nur dicke Brotscheiben als Unterlage.

Die Hunde des Hausherrn lagen auf den Binsenmatten, mit denen der Fußboden belegt war, und kauten Knochen. Nach einem Bankett wurden die Matten fortgenommen und durch neue ersetzt. An den Wänden standen Truhen und Borde, in denen die Tischwäsche und das Geschirr aufbewahrt wurden.

Das Turnier

Vor rund 800 Jahren kämpften Ritter in größeren, mit stumpfen Speer bewaffneten Gruppen gegeneinander. Diese Reiterkampfspiele, Buhurts genannt, dienten der Schulung ihrer kriegerischen Fertigkeiten. Bald entwickelten sich daraus Waffenspiele mit festgelegten Regeln. Je mehr sich das Rittertum in ganz Europa verbreitete, desto beliebter wurden Turniere.

Eine Ehrensache
Oft wurden auf Turnieren zuerst den vornehmen Damen die Prachthelme der Turnierteilnehmer vorgeführt. Hatte ein Ritter gegen die Regeln der Ritterlichkeit verstoßen, so ging man davon aus, dass er sich auch gegen Frauen schlecht benahm. Dann wurde er von dem festlichen Ereignis ausgeschlossen.

Mit Bannern und Wappen geschmückte Tribünen standen um den Kampfplatz herum. Die Zuschauer, Adlige und ihre Gefolgsleute, nahmen am Geschehen leidenschaftlichen Anteil. Manchmal kam es zwischen Teilnehmern und Publikum zu Gewalttätigkeiten, und deswegen wurden vor Turnierbeginn alle Anwesenden nach Waffen durchsucht.

▼ **Je prächtiger die Turnierveranstaltungen, desto glanzvoller auch die Rüstungen. Hier sind die Ritter vor allem an ihren Prachthelmen zu erkennen.**

Der Tjost

Die Turnierrüstung wurde immer spezialisierter. So musste der Ritter sich beim Zweikampf, dem Tjost, nach vorn beugen, wenn er aus seinem Froschmaulhelm blicken wollte. Beim Zusammenprall richtete er sich auf und dann bedeckte der Helm wieder sein Gesicht. Die linke Seite der Rüstung war verstärkt, weil die Teilnehmer links aneinander vorbeiritten und dort die Stöße empfingen.

Froschmaulhelm

Gestech

▼ **In ihre schönsten Kleider gewandet, sahen die Damen voller Bewunderung zu. Manch ein Ritter kämpfte für seine auserwählte Dame, deren Tuch er um seinen Arm gebunden trug.**

Turniere boten jungen Rittern Gelegenheit, sich einen Namen zu machen und manchmal auch eine gute Partie. Auf der Jagd nach Ruhm und Ehre reisten die Ritter von Turnier zu Turnier. Der beliebteste Zweikampf war der Tjost, bei dem der Gegner mit der Lanze beim Stechen, im „Gestech", aus dem Sattel geworfen werden musste. Seit etwa 1420 trennte ein Holzzaun die beiden Teilnehmer und verhinderte einen Zusammenprall. Als Siegesprämie winkten den Gewinnern Rüstungen oder Gold.

◄ **Das Turnier war ein glanzvolles Ereignis, aber niemals ganz harmlos. Auch stumpfe Waffen konnten einen Gegner, wenn sie unglücklich trafen, verletzen oder gar töten.**

Ein gläubiges Leben?

Im Mittelalter hingen die Völker Europas, ob Christen, Muslime oder Juden, meist einem einfachen, doch sehr tiefen Glauben an. Sie lebten in der Furcht vor dem Tode, ob durch Hunger, Pest oder Krieg. Christen zweifelten kaum an den lodernden Feuern der Hölle oder den Freuden des Himmels. Sie glaubten, dass Gott sie für ihre Sünden auf Erden nach ihrem Tode mit den Qualen der Hölle strafen würde. Pilgerfahrten und gute Taten konnten begangene Sünden wieder gutmachen.

Compostela
Canterbury
Katarinenkloster, Sinai

Heilige Symbole
Pilger, die eine Wallfahrt nach Compostela gemacht hatten, trugen an ihrem Hut oder Mantel eine Jakobsmuschel. Andere trugen Abzeichen oder Karten, mit denen sie zeigten, dass sie eine der heiligen Stätten der Christenheit besucht hatten. Auf den Pilgerstraßen boten Betrüger häufig gefälschte Reliquien zum Kauf an, von denen sie behaupteten, sie stammten vom Kreuz Christi oder dem Knochen eines Heiligen.

◀ Im 12. Jahrhundert pilgerten jährlich rund 500 000 Christen nach Santiago de Compostela in Nordspanien, um den Apostel Jakobus zu verehren. Nach Rom und Jerusalem war dies die drittheiligste Stätte der Christenheit.

▲ Überall machten sich christliche Pilger zu Fuß, mit dem Schiff, zu Pferde oder auf dem Maulesel zu den vielen Wallfahrtsorten auf. Am Wege nächtigten sie in Pilgerherbergen.

Der christliche Glaube bestimmte das Leben eines Ritters – manche mittelalterlichen Bilder zeigten Christus sogar als Ritter gekleidet. In der Nacht vor der Schwertleite widmete sich ein Knappe ganz dem Gebet. Im Alter wurden manche Ritter Mönche und beteten um Vergebung für ihre Sünden – und derer hatten sie viele begangen. Ritter töteten, folterten und brandschatzten häufig – all dies im Namen Gottes. Viele Ritter nahmen zwar für sich in Anspruch, den christlichen Glauben zu verteidigen, doch in Wirklichkeit kämpften sie meist für Herrscher, die mit der Kirche um Land, Geld und Macht stritten.

▲ Im Jahre 1170 drangen vier Ritter in die Kathedrale von Canterbury ein und ermordeten den Erzbischof Thomas Becket, der mit König Heinrich II. über die Machtbefugnisse der Kirche gestritten hatte. Beckets Grab wurde zur Wallfahrtsstätte.

▲ Dieses farbige Glasfenster zeigt einen Ritter im Gebet. In jeder Burg, in jedem Herrenhaus gab es eine Kapelle, wo das tägliche Gebet verrichtet wurde. Für die Ritter der vielen geistlichen Orden, die wie Mönche lebten, gab es bis zu acht Gebete täglich.

Tod eines Ritters

Dieses Grab in der Kathedrale der spanischen Stadt Salamanca gehört Gutierre de Monroy und seiner Frau Costanza de Anaya. Noch heute sind überall in Europa die Grabmäler von Rittern und ihren Familien in Kirchen, Kapellen und Kathedralen zu sehen. Viele Ritter zahlten der Kirche hohe Beträge, damit nach ihrem Tode alljährlich Messen für sie gelesen wurden.

Die Mauren, zu deren Herrschaftsgebiet auch Nordafrika gehörte, nannten ihr Land in Spanien Al'Andalus. Es war in Taifas oder Teilreiche aufgeteilt. Die Rückeroberung Spaniens durch die Christen begann 727 im Norden. In dieser Zeit tobten in ganz Spanien Kriege wie Waldbrände. Es waren nicht nur Konflikte zwischen den christlichen Rittern und den Mauren. Maurische Herrscher ebenso wie die christlichen Könige waren untereinander in endlose Machtkämpfe verstrickt. Der christliche Ritter El Cid wurde von beiden Seiten hoch geachtet. Im Jahre 1081 verteidigte er das Maurenreich Saragossa gegen die Christen.

▲ El Cid und seine siegreichen Ritter eroberten 1094 nach monatelanger Belagerung Valencia von den Mauren. El Cid wurde Herrscher von Valencia und war der berühmteste Ritter Spaniens. Sein maurischer Beiname kam von al-Sayyid, was „Herr" bedeutete. Sein richtiger Name war Rodrigo Díaz de Vivar.

KONFLIKTE

Besucher aus aller Welt bestaunen Europas mittelalterliche Städte – die engen Gassen und schiefen Häuser, die mächtigen Burgen und die hoch aufragenden Türme der Kathedralen. Dabei vergessen sie nur allzu leicht, dass das Leben im Mittelalter zwar buntbewegt und aufregend war, aber auch kurz und erbärmlich sein konnte. Viele Gegenden in Europa und im Vorderen Orient wurden zu Schlachtfeldern, auf denen jahrhundertelang Kriege tobten.

▲ Blick auf die Mauern der Alhambra über der spanischen Stadt Granada. Dieser Komplex umfasst die gewaltige Festung Alcazaba sowie den märchenhaft schönen Palast Casa Real. Die Alhambra wurde im Mittelalter von Granadas muslimischen Herrschern errichtet. Ihre Eroberung 1492 durch die Christen bedeutete das Ende jahrhundertelanger Kriege mit den Mauren in Spanien.

Tataren

Jede volle Stunde bläst noch heute ein Trompeter von einem Turm der Marienkirche im polnischen Krakau in Erinnerung an einen Turmwächter, der von einem Tatarenpfeil getroffen wurde. Von 1237 bis 1242 unterwarfen Tatarenheere, bestehend aus Mongolen und anderen zentralasiatischen Völkern, Russland, die Ukraine, Polen und Ungarn. Tataren waren grausame Krieger und brillante Reiter, die überall gefürchtet waren.

Ritt nach Osten

Von 1150 bis 1250 verließen unzählige arme Bauern mit ihren Familien die übervölkerten Landstriche Hollands und im Westen Deutschlands. Sie wollten in Preußen, Polen, Ungarn und den baltischen Ländern ein neues Leben beginnen. Mit ihnen kamen ihre Beschützer, ritterliche Veteranen der großen Kreuzfahrerorden wie des Deutschen Ordens. Diese hatten vom Papst in Rom einen Sonderauftrag erhalten. Sie sollten versuchen, die vielen Ungläubigen im Osten Europas zum christlichen Glauben zu bekehren.

▼ Die Deutschen Ritter nannten die Burg Marienburg, für die Polen war es Malbork. Mit dem gewaltigen Festungsbau an den Ufern der Weichsel bei Danzig wurde 1274 begonnen.

1309 zog der Hauptsitz des Deutschen Ritterordens von Venedig hierher. Zur Burganlage gehörten drei gewaltige Festungen und ein prächtiger Palast für den Hochmeister des Ordens.

◀ Am 5. April 1244 griffen die Deutschen Ordensritter über den gefrorenen Peipussee an der Ostgrenze Estlands an. Ihre Feinde waren die Russen von Nowgorod unter der Führung von Alexander „Newskij". Die „Eisschlacht auf dem Peipussee" dauerte den ganzen Tag. Die Deutschen Ritter wurden auf dem Eis niedergemacht oder im eisigen Wasser ertränkt. Damit war ihrem Versuch, ihren Einfluss auf Russland auszudehnen, ein Ende gesetzt.

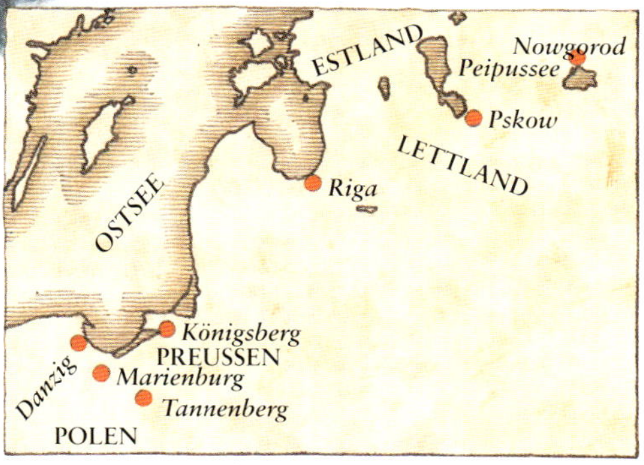

Außer diesem heiligen Krieg hatten die Ritter noch andere Gründe für ihren Ritt nach Osten. Sie wollten die von der Hanse, einem mächtigen Städtebund, angelegten Handelsstraßen verteidigen und dazu Land und Macht gewinnen. Ihre Rechnung ging auf. Mitte des 14. Jahrhunderts beherrschte der Deutsche Orden weite Gebiete an der Ostsee. Doch 1386 vereinigte sich Polen mit Litauen zu einem Großreich und begann, sich gegen den mächtigen Ritterorden zu wehren. Dieser wurde bei Tannenberg 1410 besiegt.

▼ Am 15. Juli 1410 besiegten die Ritter Polens, darunter König Wladislaw Jagiello, das Heer des Deutschen Ordens bei Tannenberg in Preußen. Ursprünglich hatten die Polen die Deutschen Ritter in ihr Land geholt, damit sie ihnen bei der Bekämpfung der Heiden halfen.

Im Laufe der Jahre aber machten die Polen schlechte Erfahrungen mit dem immer mächtiger werdenden Orden. Bei Tannenberg fügten sie dem Deutschen Ritterheer eine vernichtende Niederlage zu und töteten 200 von ihnen, darunter den Hochmeister Ulrich von Jungingen.

▼ Im September 1415 landete ein englisches Heer unter dem Befehl König Heinrichs V. bei Harfleur in Frankreich. Über 1200 Soldaten blieben in der eingenommenen Stadt, während 6000 nach Calais weiter marschierten. Bei Azincourt stießen sie auf ein noch stärkeres französisches Heer, das sie aus dem Land vertreiben wollte.

Schlachtfelder

Französisch war die Sprache des Rittertums, der höfischen Liebe und der Heraldik in ganz Europa. Doch Frankreich selbst war jahrhundertelang umkämpft. Große Gebiete im Südwesten Frankreichs standen unter der Herrschaft der englischen Könige, die als Grafen von Anjou das Land besaßen. Obwohl sie normannischer Abstammung waren und französisch sprachen, lagen die englischen Könige mit Frankreich bis zum Ende des Hundertjährigen Krieges, einer Reihe von Schlachten zwischen 1338 und 1453, im Krieg. Jahr für Jahr überquerten englische Truppen den Kanal, fielen in Frankreich ein und verwüsteten das Land.

▼ Im Jahre 1358 kehrten zwei französische Ritter, der Captal de Buch und der Graf von Foix, aus den Kriegen in Osteuropa heim. Als sie sich Meaux näherten, hörten sie von einem Bauernaufstand. Sie drangen mit 25 anderen Rittern und Gefolgsleuten in die Stadt ein und ermordeten Tausende von schlecht bewaffneten Rebellen.

Die Engländer waren aber nicht das einzige Problem. Die Bretagne war mit Frankreich mal verbündet, mal verfeindet. Im 14. und 15. Jahrhundert fielen Ostfrankreich, Luxemburg und Flandern an die Herzöge von Burgund. Diese lagen in tödlicher Fehde mit den französischen Königen, ihren nahe Verwandten, und führten große Heere ins Feld, die sich manchmal mit England gegen die Franzosen verbündeten.

Carcassonne

Verbrennt die Ketzer!

Im Jahre 1208 rief Papst Innozenz III. zu einem neuen Kreuzzug auf – nicht gegen die Muslime, sondern gegen Christen in Südfrankreich. Die „Katharer" hingen Glaubensvorstellungen an, die von denen der Kirche abwichen, und wurden zu sündigen Ketzern erklärt. Angelockt von der Aussicht auf reiche Kriegsbeute, eilte ein französisches Ritterheer aus dem Norden nach Süden. Tausende von Katharern wurden ermordet. Vor der Festung Carcassonne wurden viele von ihnen gefangen genommen und lebendig verbrannt.

Azincourt

Am 25. Oktober 1415 versuchten französische Ritter die englischen Raubzügler auf einem morastigen Gelände beim Dorf Azincourt zu besiegen. Sie erlitten eine Niederlage und über 7000 Franzosen fanden den Tod.

ENDE DER RITTERZEIT

Vor rund 500 Jahren war das Rittertum so hoch angesehen wie eh und je. Turniere waren in Mode und Wappen wurden stolz getragen. Doch in der Schlacht waren die Ritter gegen Kanonen machtlos. Burgen lagen in Trümmern. Immer mehr Menschen arbeiteten für Geld und nicht mehr, weil sie dazu nach dem Feudalsystem verpflichtet waren. Staaten wie Spanien, Portugal, England und Frankreich machten sich daran, Asien und Nord- und Südamerika, die „Neue Welt", zu entdecken. Der Westen Europas drohte durch Kriege zwischen der Kirche in Rom und den Protestanten, die der Lehre des Mönchs Martin Luther anhingen, zerrissen zu werden. Das Zeitalter der Ritter verblasste.

Spanische Konquistadoren in der Neuen Welt

▼ In Konstantinopel trifft Europa mit Asien zusammen. Als die Stadt 1453 von den Heeren des osmanischen Türkenreichs erobert wurde, bedeutete dies das Ende der Kreuzfahrerideale des Rittertums.

Der Fall Konstantinopels

Am 29. Mai 1453 drangen muslimische Türken nach einer 52-tägigen Belagerung in Konstantinopel ein. Diese alte Stadt, das heutige Istanbul, war die Hauptstadt des christlichen Byzantinischen Reiches. Gegründet wurde die Stadt 330 n. Chr. von den Römern. Die Eroberung der Stadt war ein Schlag für die Christenheit und beendete das letzte Kapitel der Kreuzzüge.

▼ Am späten Nachmittag des 28. Mai 1453 lag eine schaurige Stille über Konstantinopel. Plötzlich aber ertönten Trompeten und Becken. Ein gewaltiges Heer unter dem Befehl des türkischen Sultans Mohammed II. stand vor den Mauern der Stadt. Kurz vor Sonnenuntergang schossen die Bogenschützen beider Seiten ihre tödlichen Pfeilhagel ab. Bald schlugen schwere Kanonenkugeln gegen die Mauern. Immer neue Wellen von Angreifern stürmten heran. Der letzte Kaiser von Byzanz, Konstantin XI., fiel im Kampf.

Die Christen warfen Steine über die Mauern und töteten die Feinde zu Tausenden. Doch immer mehr Türken rückten nach. Im Morgenlicht des 29. Mai marschierten die Türken in die Stadt und pflanzten ihre Fahnen auf. Die Einwohner wurden zu Tausenden in die Sklaverei verkauft.

▲ Diese mittelalterliche französische Illustration zeigt den Tod Rolands, des bekanntesten der Ritter am Hofe Karls des Großen. Die Geschichte von dem Hinterhalt, dem er 778 zum Opfer fiel, wurde in die Ritterzeit verschoben.

Rittererzählungen

Die Schlachten des Mittelalters boten meist Bilder des Grauens und Elends, doch Ritter sehen wir noch heute als Helden in schimmernden Rüstungen. Wie schon die Ritter selbst lassen wir uns von den Erzählungen über Ritterlichkeit, Größe und Tapferkeit begeistern. Diese Geschichten handeln von kühnen Abenteuern, Turnieren und Burgen. Viele von ihnen waren alte Sagen, die in der Sprache des Rittertums neu geschrieben wurden.

Mittelalterliche Epen

Im Mittelalter wurden viele alte Legenden und Lieder zum ersten Mal aufgeschrieben. Viele von ihnen waren über mehr als tausend Jahre mündlich überliefert worden. In den mittelalterlichen Fassungen wurden Krieger und Kriegsherren zu edelmütigen Rittern und Königen und heidnische Zauber zu christlichen Wundern.

◄ Ist dies eine Darstellung von König Artus und seiner Tafelrunde? Nein, es ist eine Fälschung aus dem 14. Jahrhundert. Im 19. Jahrhundert wurde sie noch einmal nachgemalt. Heute hängt sie im Museum der englischen Stadt Winchester.

▲ Auf diesem Gemälde von 1862 hält der Ritter Bedivere den sterbenden Artus im Arm. Artus geht vermutlich auf einen keltischen Heerführer im 5. Jahrhundert zurück. In der mittelalterlichen Dichtung wurde er zu einem tapferen König, um den sich edle Ritter scharten.

► Dieses Bild zeigt eine Turnierszene – von 1839! Zu dieser Zeit kam das Mittelalter wieder in Mode. Kunstmaler verkauften Gemälde, die Ritter und ihre Damen zeigte. Manch ein Reicher baute sich sogar ein Schloss im mittelalterlichen Stil.

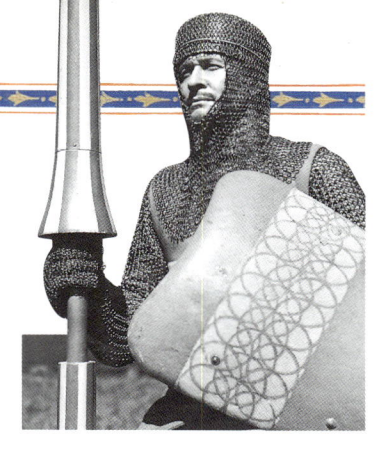

Wandernde Sänger

Die Geschichten von Artus und seinen Rittern spielen in England und später auch in der Bretagne. Minnesänger brachten sie nach Frankreich, Italien, England und Deutschland. 1470 schrieb der englische Ritter Thomas Malory den *Morte d'Arthur* (den „Tod Artus"). Noch Mitte des 19. Jahrhunderts befasste sich sein Landsmann Alfred Tennyson mit dem Schicksal von König Artus und seiner Tafelrunde.

▲ Im *Nibelungenlied*, dem vor 800 Jahren verfassten Epos in mittelhochdeutscher Sprache, wurden alte Sagen über den Helden Siegfried mit historischen Figuren wie dem Hunnenkönig Etzel (Attila) zusammengefügt. Die alten Göttermythen der Germanen wurden zu einer Dichtung über Rittertum und Ritterlichkeit. Mitte des 19. Jahrhunderts verarbeitete Richard Wagner den Stoff zu vier Opern – den berühmten *Ring des Nibelungen.*

▲ *Camelot* war ein Musical, das 1967 verfilmt wurde. Sein Titel bezieht sich auf Artus' Königshof. Der Film wurde nach Erzählungen von T.H. White gedreht.

▶ Die legendären Kämpfe des englischen Volkshelden Robin Hood gegen die bösen Ritter des Polizeichefs von Nottingham sind in zahlreichen Büchern und Filmen beschrieben. Hier eine Szene aus *Robin Hood, König der Diebe* (1991).

▲ *Ivanhoe*, ein bekannter Roman von Walter Scott, der 1819 veröffentlicht wurde, handelt von Turnieren, Kreuzzügen und Belagerungen. In den fünfziger Jahren des 20. Jahrhunderts wurden danach ein Film (oben) und eine Fernsehserie gedreht.

Als die Zeit der Ritter schon längst der Vergangenheit angehörte, erwachte wieder das Interesse an ihren Turnieren und Rittersagen. Tjoste gab es noch im 17. Jahrhundert und dann wieder im 19. Jahrhundert. Noch heute nehmen sich Bücher, Theaterstücke, Filme, Fernsehserien und Computerspiele Ritter und Ritterlichkeit zum Thema – wenn auch manch eine dieser Geschichten in anderen Welten spielt!

▼ Luke Skywalker, der noch immer für Wahrheit und Gerechtigkeit eintritt, kämpft gegen Darth Vader. Der Sciencefictionfilm *Krieg der Sterne* (1977, 1997) ist nicht viel anders als die alten Rittersagen, auch wenn die Schwerter heute Laserwaffen sind. Zwar ging das Mittelalter vor rund 500 Jahren zu Ende, doch haben die Ideale des Rittertums bis in unsere Zeit überlebt.

Andere Ritter

Gab es auch in anderen Ländern und zu anderen Zeiten Ritter? Zwar gab es jede Menge berittene Krieger, doch keine waren mit den europäischen Rittern des Mittelalters vergleichbar. Nur in Japan könnte ein zwischen dem 10. und 19. Jahrhundert lebender Ritter deren Lebensweise verstanden haben. Dort lebten Krieger mit strengen Idealen von Ehre, Pflicht und Treue und, etwa seit dem 16. Jahrhundert, auch mit hoch gelegenen Burgen. Die Ritter Japans, die Samurai, nahmen einen geachteten gesellschaftlichen Rang ein. Sie trugen Rüstungen und Schwerter und führten in der Schlacht Flaggen mit dem Emblem ihres Herrn.

◀ Wie die Ritter Europas wurden die berittenen Samurai von Fußsoldaten unterstützt.

Die Waffen der Samurai

Die klassische japanische Rüstung hieß o-yoroi oder „große Rüstung". Sie bestand aus einer eisernen Brustplatte sowie Schulterschützern und einem Rock aus kleinen, lackierten Metallplättchen. Diese waren mit Seidenschnüren miteinander verknüpft. Als Waffen trug der Samurai-Krieger einen Bogen sowie messerscharfe kurze und lange Schwerter. Samurai-Krieger kämpften für Kriegsherren und Kaiser.

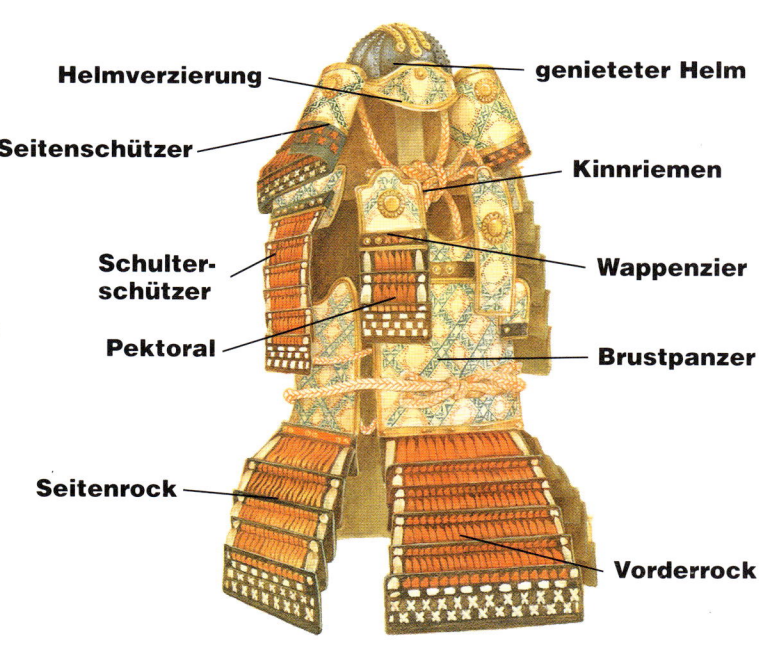

- Helmverzierung
- genieteter Helm
- Seitenschützer
- Kinnriemen
- Schulterschützer
- Wappenzier
- Pektoral
- Brustpanzer
- Seitenrock
- Vorderrock

◄ **Han-Krieger, 200 v. Chr.**
Reiter schützten chinesische Städte vor den wilden Kriegerhorden Zentralasiens.

◄ **Römische Hilfstruppen, 200 n. Chr.**
Zur Kavallerie der römischen Armee gehörten Hilfssoldaten mit Kettenrüstung.

▶ **Gotischer Kriegshäuptling, 400 n. Chr.**
Wilde Krieger aus dem Norden und Osten fielen in Südeuropa ein und zerstörten das Römische Reich.

▶ **Englischer Arkebusier, 1650**
Dieser berittene Soldat des englischen Bürgerkriegs trägt noch Brustpanzer und Helm, ist jedoch mit einem Gewehr, der Arkebuse oder Hakenbüchse, und dem Schwert bewaffnet.

◄ **Preußischer Offizier, 1815**
In der Schlacht von Waterloo kämpfte die Kavallerie noch mit Lanzen und Schwertern.

◄ **Bengalischer Lanzenträger, Mitte des 18. Jh.**
Lanzenträger gehörten zur Kavallerie im Indien des Britischen Kolonialreiches.

▶ **Afrikanische Kavallerie, 1820**
Berittene Krieger wurden von mächtigen islamischen Reichen in den Ländern südlich der Sahara eingesetzt.

▶ **Dakota-(Sioux)-Krieger, 1876**
Die Indianer der Prärien hatten sich zu einem von den weißen Amerikanern gefürchteten Reitervolk entwickelt.

◄ **Französischer Kürassier, 1914**
Im Ersten Weltkrieg kämpften die Kavallerieeinheiten gegen Gewehre und Kanonen.

▶ Im September 1939 wurde Polen im Westen von den Deutschen und im Osten von der Sowjetunion angegriffen. Die polnische Reiterei ritt mit Lanzen bewaffnet in die Schlacht, wie 1410 ihre Vorfahren bei Tannenberg. Doch Lanzen konnten den Panzern und Flugzeugen des „Blitzkrieges" nicht standhalten.

Ritter in der Dichtung

Artus
Der historische Artus oder Arthur war vermutlich ein britischer Kelte im 6. Jahrhundert. Er kann ein Heerführer in einem langen Feldzug gegen die Angelsachsen gewesen sein, die nach dem Untergang Roms in England eingedrungen waren. Sein Name taucht schon in frühen keltischen Mythen auf. Im späteren Mittelalter wurde er in den Dichtungen zu einem mächtigen König gemacht, dem Anführer der Ritter der Tafelrunde. Die Sage um den Ritter Artus verbreitete sich in ganz Europa und wurde von vielen Dichtern verwendet.

Bedivere oder Bedwyr
Diese Figur erscheint schon in den frühesten Erzählungen über König Artus. In *Le Morte d'Arthur* von Thomas Malory (um 1469) wird er der wichtigste Ritter der Tafelrunde. Als Artus stirbt, schleudert Bedivere sein Schwert Excalibor in den See.

Excalibor

Der Ritter von Canterbury
Der englische Dichter Geoffrey Chaucer (um 1343–1400) schrieb eine Reihe von Erzählungen über eine Pilgerschar, die nach Canterbury wallfahren will. Einer von Chaucers Pilgern ist ein Ritter, der als edel und tapfer beschrieben wird. In den Kriegen gegen Türken und Mauren hatte er an fünfzehn Schlachten teilgenommen. Er hatte viele Turniere ausgefochten und besaß edle Pferde.

Dietrich von Bern
So wie der Krieger Artus in den mittelalterlichen Dichtungen als ruhmreicher König wiederkehrt, so lebte der Ostgotenkönig Theoderich der Große als Ritter Dietrich von Bern in der germanischen Heldendichtung weiter. Im *Nibelungenlied*, einer um 1200 verfassten Versdichtung, geht es um Ehre und Rache bei Nibelungen und Burgundern.

Ector
In der Dichtung *Le Morthe d'Arthur* gab der Zauberer Merlin den kleinen Arthur bei Ector in Pflege, um vor seinen Feinden zu verbergen, dass der Junge der Sohn von Uther Pendragon war.

Falstaff, Sir John
Diese schelmische Gestalt wurde von dem englischen Dramatiker William Shakespeare um 1590 erfunden, geht aber vermutlich auf den Ritter Sir John Oldcastle zurück, der wirklich gelebt hat. Falstaff ist alt, fett und lustig. Er trinkt und prahlt mit seinen Taten, ist aber in Wirklichkeit ein Feigling. Wahrscheinlich gab es im wirklichen Leben viele Ritter wie ihn!

Galahad
Der Name Galahad taucht in späteren Geschichten über König Artus auf. Er ist der Sohn Lanzelots und der Prinzessin Elaine und der echteste Ritter von allen. Als einziger findet er den Heiligen Gral. Der Gral ist ein Gefäß, aus dem Jesus beim Letzten Abendmahl trank. Der Legende nach wurde er auf die Britischen Inseln gebracht. Die Gralsidee geht wahrscheinlich auf alte keltische Erzählungen von einem magischen Kessel zurück.

Ganelon
Der auch als Gan von Mainz oder Gano von Moganza bekannte Ganelon war einer der zwölf Ritter um Karl den Großen, der Paladine. Karl der Große (747–814) war König der Franken. Eine Schlacht in seinem Kriegszug gegen die Mauren in Spanien führte zur Entstehung des *Rolandslieds*. In diesem Heldengedicht werden die Paladine zu Rittern. Ganelon verrät die Ideale des Rittertums und verursacht so den Tod Rolands (eines anderen Paladins).

Gareth
In den Sagen um König Artus ist Gareth der Sohn von Artus' Schwester Morgawse und König Lot von Orkney. Er trifft unerkannt am Hofe seines Onkels in Camelot ein und wird zur Arbeit in die Küche geschickt. Weil Kay (siehe dort) seine feinen Hände auffallen, gibt er ihm den französischen Namen „Beaumains", was so viel wie „schöne Hände" bedeutet.

Gawain
Der älteste Bruder von Gareth, Gawain, wird als einer der tapfersten Ritter aus der Tafelrunde des Königs Artus geschildert. In der französischen Dichtung hieß er Gauvain. In einer Geschichte begibt er sich auf die Suche nach einem geheimnisvollen Grünen Ritter. Dabei wird seine Ehre mehrfach auf die Probe gestellt.

Hagen
Im deutschen *Nibelungenlied*, das um 1200 abgefasst wurde, ist Hagen ein Ritter im Dienste der Könige der Burgunden. Er tötet den Helden Siegfried, dessen Witwe Kriemhild später ihn und seine Gefährten umbringt.

Kay oder Cai
Dieser Krieger erscheint ebenfalls in englischen Sagen, wo er mit Artus und magischen Taten verbunden ist. In späteren Geschichten aus England und Frankreich wird er als prahlerischer, hitzköpfiger, unbeholfener Ritter dargestellt, der Pflegebruder und Verwalter des Königs Artus ist.

Lancelot
Dieser Ritter aus der Artussage wird zuerst in französischen Fassungen der Geschichte erwähnt. Er ist der Sohn von König Ban von Benwick in der Bretagne und wird zum schönsten, edelsten und waghalsigsten Ritter der Tafelrunde. Er ist der beste Freund des Königs, entbrennt aber in Liebe zu Artus' Frau Ginevra (Guinevere). Schließlich wird Lancelot Mönch und Ginevra Nonne.

Mordred, Modred oder Medraut
In einigen Geschichten ist Mordred der Sohn von Artus, in anderen sein Neffe. Es ist der böse Mordred, der das Ende der Ritterzeit herbeiführt. In der letzten großen Schlacht wird er von Artus getötet, verwundet aber auch den König tödlich.

Olivier
Dieser auch als Oliver, Oliviero oder Ulivieri bekannte Ritter spielt als edler, weiser Ritter, der nach einem Kampf mit Roland dessen bester Freund wird, im französischen *Rolandslied* eine Rolle.

Palamedes
Dieser edle Sarazene ist der einzige nichtchristliche Ritter am Hof von König Artus.

Parzival von Galles
Parzival ist das Urbild des christlichen Ritters, der in späteren Geschichten auf der Suche nach dem Gral schwere Kämpfe besteht.

Don Quijote
Diese Gestalt wurde im 17. Jahrhundert von dem spanischen Dichter Miguel de Cervantes erfunden. Die Geschichte handelt von einem Vertreter des niederen Adels, der sich so für Ritteromane begeistert, dass er sich schließlich von einem Gastwirt zum Ritter „Don Quijote" schlagen lässt. Dieser Ritter der Neuzeit lebt in einer Traumwelt, kämpft mit Windmühlen und Schafheeren, stets von seinem treuen Diener Sancho Pansa und seinem Pferd Rosinante begleitet.

Robin von Locksley
Englischen Volksmärchen zufolge war der mythische Volksheld Robin Hood im wirklichen Leben ein Ritter des 12. Jahrhunderts, der in Locksley in Nottinghamshire geboren wurde. Er raubte reiche Herren aus, um ihren Überfluss an die Armen zu verteilen. Nach einigen Erzählungen war er in Wirklichkeit Robert, Graf von Huntingdon.

Roland
Der heldenhafte Ritter aus dem *Rolandslied* ist historischen Ursprungs. Er gehörte zu den zwölf Paladinen Karls des Großen und starb 778 in einem Nachhutgefecht gegen die Basken bei Roncesvalles in den Pyrenäen. In italienischen Geschichten heißt Roland Orlando.

Polizeichef von Nottingham
In vielen Volkssagen kämpfen die Helden gegen Ungerechtigkeit. Zu den bekanntesten dieser Geschichten gehört die von Robin Hood. Sein schlimmster Feind ist der Polizeichef von Nottingham, der böse Ritter, der das Gebiet um den Wald von Sherwood kontrolliert, während König Richard I. an einem Kreuzzug teilnimmt. In mittelalterlichen Geschichten ist dieser König Eduard.

Sankt Georg
Der heilige Georg war im wirklichen Leben ein römischer Soldat, der 303 n. Chr. starb. Er soll den Kreuzfahrern in Antiochien geholfen haben und wurde später zum Schutzpatron von England, Aragon und Portugal. Seit dem Mittelalter wird er als Ritter mit Rüstung und Pferd gezeigt, der Drachen tötet und Jungfrauen rettet.

Siegfried
Siegfried (in Skandinavien Sigurd) war ein Held der germanischen Mythologie. Im mittelalterlichen *Nibelungenlied* wird er ein edler Fürst am Rhein, der von Hagens Hand stirbt.

Tristan
Dieser Held ist ein Ritter, der bei König Marke von Cornwall im Dienst steht. Er wird nach Irland geschickt, um Isolde zu holen, die mit Marke vermählt werden soll. Versehentlich trinken beide einen Zaubertrunk und verlieben sich unsterblich. Das Paar flieht in die Bretagne, wo Marke es aufspürt. Er kämpft mit Tristan und verwundet ihn tödlich. Die Geschichte gelangte von Cornwall in die Bretagne und von dort nach Frankreich und Deutschland.

Glossar

Armbrust Im Mittelalter eine Waffe, die sich aus dem Bogen entwickelte. Als Geschosse dienten Pfeile und Bolzen.

Banner Fahne mit Wappen und Abzeichen, mit der der Versammlungsort auf dem Schlachtfeld oder der Standort des Bannerträgers angezeigt wird. Meist war ein Banner schwalbenschwänzig.

Belagerung Eine Burg zum Zweck der Eroberung umzingeln oder einschließen.

Brünne Teil der Ritterrüstung zum Schutz von Nacken und Hals.

Buhurt Kampf zwischen Gruppen als Teil eines Turniers.

Burg Ein befestigter Bau, der seinen Bewohnern zugleich als Wohnsitz diente. Reiche Ritter besaßen oft mehrere Burgen zum Schutz ihres Grundbesitzes.

Christenheit Gesamtheit der Christen.

Feudalsystem Die Gesellschaftsordnung während des Mittelalters. Ein Vasall erhielt vom Lehnsherrn Land und Schutz und leistete dafür Heerfolge oder andere Dienste.

Gefolgsmann Ein bewaffneter Begleiter eines Ritters. Der Ritter stellte seinem Gefolgsmann Pferde und Waffen.

Gestech Zweikampf zu Pferde bei einem Turnier.

Große Halle Der Hauptraum in der Burg, der auch als Speiseraum diente.

Harnisch Aus beweglich verbundenen Eisenplatten zusammengesetzte Rüstung, zu der auch ein Helm gehörte.

Heerfolge Vom König oder Lehnsherrn erlassener Aufruf zum Kriegsdienst.

Heiliges Land Die Länder im Mittleren Osten, die für Christen, Juden und Muslime heilig sind.

Heraldik Wappenkunde. Sie befasst sich mit der Geschichte und Beschreibung von Wappen.

Herold Wappenkundiger Hofbeamter, der Wappen entwarf und Wappenbücher führte.

Herzogtum Ein von einem Herzog regiertes Gebiet. Manch ein Herzogtum wie das Burgunder war mächtiger als viele Fürstentümer und kleine Königreiche.

Höriger Jemand, der nach dem Feudalsystem bestimmte Dienste und Abgaben an seinen Grundherrn zu leisten hatte.

Katapult Wurfmaschine, die bei der Belagerung einer Burg Steine oder Kugeln schleuderte.

Armbrust

Kettenhemd Hemd aus ineinander gefügten Metallringen, das zum Schutz des Oberkörpers getragen wurde.

Ketzer Jemand, dessen Glaubensvorstellungen von denen der katholischen Kirche abweichen.

Knappe Im Mittelalter ein junger Edelmann, der zum Ritter ausgebildet wurde. Er diente einem Ritter mehrere Jahre.

Kondottiere Ein italienischer Ritter, der sich für das Kämpfen bezahlen ließ. Der Vertrag oder „Condotta" wurde zwischen dem Anführer eines Söldnertrupps und dem Auftraggeber geschlossen.

Kreuzzug Ein „heiliger" Krieg, den Christen gegen Andersgläubige führten. Dies waren meist Muslime oder christliche Ketzer.

Langbogen Ein kräftiger, langer Holzbogen, mit dem Pfeile abgeschossen wurden. Er war die bevorzugte Waffe der Bogenschützen Englands.

Lanze Aus einem langen Schaft und einer Spitze aus Metall bestehende Waffe zum Stoßen oder Werfen.

Lehen Grundbesitz, der von einem Lehnsherrn an einen Untergebenen verliehen wird.

Lehnsherr Kaiser, König, Fürst oder Ritter, der jemandem ein bestimmtes Gut zum Lehen gibt.

Lehnsmann Jemand, der ein Lehen bekommen hat.

Lösegeld Die für die Freilassung eines gefangenen Ritters bezahlte Summe.

Mauren Ursprünglich Bezeichnung für nordafrikanische Völker, vor allem Berber und Araber. Im Mittelalter Bezeichnung für die muslimischen Eroberer Spaniens.

Minne Verehrung, die ein Ritter einer hochgestellten, zumeist unerreichbaren Frau entgegenbrachte.

Minnesänger Deutscher Dichter des Mittelalters, der in seinen selbst gedichteten und vertonten Liedern die Minne besang.

Mittelalter Geschichtliche Epoche zwischen dem Ende des Römischen Kaiserreichs im Jahre 476 n. Chr. und dem Beginn der Neuzeit um 1500.

Kettenpanzer

Orden Religiöse Gemeinschaft von Mönchen oder Rittern.

Page Knabe, der als Teil seiner Ausbildung zum Ritter bei einer adligen Familie diente.

Panzer Feste metallene Rüstung als Schutz gegen Verwundungen.

Papst Das Oberhaupt der römisch-katholischen Kirche.

Pest Eine Seuche, die sich im Mittelalter in Asien und Europa ausbreitete und zahlreiche Todesopfer forderte. An manchen Orten kam einer von drei Menschen um. Auch „Schwarzer Tod" genannt.

Pilger Jemand, der zu einem Heiligtum reist. Christen pilgerten vor allem nach Jerusalem und Rom, Muslime nach Mekka.

Plattenrüstung Aus Metallplatten gefertigter Panzer. Auch Harnisch genannt.

Plattner Ein Metallhandwerker, der auf die Herstellung von Rüstungen spezialisiert war; auch Harnischschmied.

Ritter Krieger, der im europäischen Mittelalter zur Adelsschicht zählte.

Rittertum Die Ideale des Ritterstandes, nach denen ein Ritter handelte: vornehm, aufrichtig, dienst- und hilfsbereit.

Stechpuppe

Samurai Die japanische Klasse von Landbesitzern und Kriegern, die den Rittern des mittelalterlichen Europas ähnlich waren.

Sarazene Europäische Bezeichnung eines muslimischen Kriegers, meist ein Araber, Türke oder Kurde.

Schwertleite Zeremonie, bei der ein Knappe feierlich zum Ritter geschlagen wurde.

Söldner Krieger, der sich für Geld in den Dienst eines Heeres stellt.

Sporn Dorn oder kleines Rädchen am Absatz des Reitstiefels, mit dem der Reiter das Pferd antreibt.

Stechpuppe Ein Zielpfosten, an dem Ritter ihre Treffsicherheit trainierten.

Steigbügel Stütze für die Füße des im Sattel sitzenden Reiters.

Streitkolben An der Spitze mit Eisen beschlagene Keule als Kampfwaffe.

Tjost Berittener Zweikampf bei einem Turnier.

Troubadour Französischer Sänger und Dichter, der Lieder vortrug, deren Thema die Minne war.

Turnier Ritterliches Kampfspiel im Mittelalter als festliche Veranstaltung oder Vorbereitung zum Kampf.

Vasall Im Mittelalter jemand, der als Gegenleistung für Dienstleistungen und Kriegsdienst ein Lehen erhalten hat.

Wappen Erkennungszeichen auf Schild oder Rüstung eines Ritters, das sich zum Symbol einer Familie oder einer Burg entwickelte.

Schwertleite

Zelter elegantes Reitpferd.

Index

A

Afrikanische Kavallerie 55
Ägypten 31, 45

Alexander „Newskij" 47, 56
Annunziatenorden 15
Araber 8, 9, 45, 61
Arkebusier 55
Armbrust 22, 60
Artus, König 22, 52-53, 58, 59

B

Ballista 28
Banner *siehe* Flaggen
Bauern 26, 46, 48
Bayeux, Teppich von 5
Bedivere (Bedwyr) 52, 58
Belvoir, Burg 45
Bengalischer Lanzenträger 55
Berber 9, 60
Bogen *siehe* Bogenschützen
Bogenschützen 8, 20, 21, 22-23, 26, 27, 28, 44, 45, 51, 54
Bohemund von Tarent 56, 57
Bretagne 49, 59
Brieftauben 24
Brünne 20, 60
Buhurts 38, 60
Burgen 7, 28-29, 43, 45, 46, 60
 Befestigungen 28-29
 Belagerung 28-29
 in Friedenszeiten 33, 34-37
Burgund 15, 49
Burgvogt 31, 60
Byzantinisches Reich 8, 50, 51, 56

C

Calatrava, Ritterorden von 15
Canterbury, Ritter von 58
Carcassonne 49
Château Gaillard 28
Christen 8-9, 14, 15, 30, 31, 40-41, 44, 45, 46, 49, 50
Christenheit 8-9, 40, 50, 60
Clare, Richard von („Starkbogen") 56
Colleoni, Bartolomeo 18, 56
Coucy, Enguerrand 56

D

Dakota (Sioux) 55
Deutscher Ritterorden 14-15, 46-47, 56

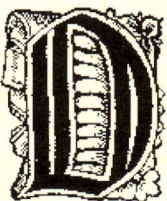

Deutschland und Deutsche 8, 14, 15, 19, 46-47, 53, 55
Dichter und Dichtung 11, 37, 52, 53
Dietrich von Bern 58
Dolche 23, 27
Don Quijote 59
Dschingis Kahn 9

E

Ector 58
Eduard I. von England 13, 57
Eduard, der „Schwarze Prinz" 26, 27, 56
El Cid (Rodrigo Díaz de Vivar) 42, 56
England und Engländer 4, 5, 15, 31, 48, 49, 55

F

Falkenjagd 24, 32, 33, 60
Falstaff, Sir John 58
Feudalsystem 6-7, 8, 50, 60
Feuerwaffen 21, 22, 55, 56
Flaggen 10, 16, 17, 38, 54, 60

Flandern 11, 49
Flegel 22-23
Franken 44, 58
Frankreich und Franzosen 8, 11, 13, 14, 15, 17, 26-27, 28, 48-49, 55
Frauen 11, 16, 35, 37, 38, 39
Fürstentum 60
Fußangeln 22, 23, 27
Fußsoldaten 18, 30, 54

G

Galahad 58
Ganelon (Gan von Mainz; Gano von Moganza) 58
Gareth („Beaumains") 58
Gascogne und Gascogner 27, 57
Gawain (Gauvain) 58
Gebet 14, 15, 27, 36, 41
Gefolgsleute 7, 11, 18, 36, 38, 48, 60
Geld 7, 12, 18, 30, 41, 44, 50
Genezareth, See 44, 45, 57
Gestech 39, 60
Goldenes Vlies, Ritterorden 15
Gotischer Kriegshäuptling 55
Große Halle (Burg) 36-37, 60
Guesclin, Bertrand du 56
Guiscard, Robert 56
Guy von Jerusalem, König 44, 45

H

Hagen 58, 59
Han-Krieger 55
Hanse, die 47
Harnisch 20-21, 60
Hawkwood, Sir John de 56

Heerfolge 18, 60
Heere 5, 26-27, 28, 44-45, 48-49
Heiliger Geist, Ritter des 17
Heiliger Gral 58, 59
Heiliges Land 9, 14-15, 44-45, 57, 60
Heinrich V. von England 48
Hellebarde 23
Helme 20-21, 38, 39, 54, 55
Heraldik 16-17, 48, 60
Herolde 17, 31, 60
Herrenhaus 34-35, 41, 60
Herzogtum 8, 60
höfische Liebe 11, 48
Hörige 7, 60
Hosenbandorden 15
„Hospitaliter" *siehe* Johanniter-Orden
Hunde 25, 32, 37
Hundertjähriger Krieg 48

I

Indianer 55
Innozenz III., Papst 49
Italien und die Italiener 8, 19, 25, 35
Ivanhoe 53

J

Jagd 10, 30, 33
Jerusalem 9, 15, 30, 40, 44, 57
Johann von Böhmen 57
Johann von Gent 57
Johann von Portugal 31
Johanna von Orléans 13
Johanniter-Orden 14-15
Juden 8, 9, 40

K

Kanonen 28, 29, 50, 51, 55, 56
Karl der Große, Kaiser 52, 58, 59
Kay (oder Cai) 58, 59
Kettenhaube 20
Kettenhemd 20-21, 25, 44, 55, 60
Ketzer 49, 57, 60
Kinder 12, 13, 34, 35
Knappen 13, 18, 21, 24, 35, 60
Kondottieri 18, 56, 60
Konstantinopel, Fall von 45, 50, 51
Kreuzfahrerstaaten 44-45, 56, 57